Möge provenzalisches Licht
auch über der Landschaft
Ihrer Seele leuchten...

          Christa Obelöde

Donauwörth, 19. 11. 97

Die Deutsche Bibliothek- CIP-Einheitsaufnahme

Oberländer, Christa:
Im Banne der Provence: Gestalten und Landschaften / Christa
Oberländer; Günther Pohlus. - Rheinfelden; Berlin:
Schäuble, 1994
ISBN 3-87718-608-4
NE: Pohlus, Günther:

Kein Reiseführer, kein Bildband wird hier vorgelegt. Das Licht, der Wind, die Zypressen, der Mistral sind zwar allgegenwärtig, sie bilden aber nur den Rahmen, schaffen nur die besondere Atmosphäre. Die Autoren – eine Lehrerin, ein in der Baukunst bewanderter Techniker und Bildhauer – haben die Provence, ihre Vergangenheit und Gegenwart auf sich einwirken lassen, die «hauts lieux» aufgesucht, an denen der Geist dieser Landschaft zu dem Wanderer spricht.

Wer die Provence kennen und lieben gelernt hat, dem wird dieses Buch besinnliche Stunden schenken. Wer nicht dagewesen ist, wird von jenen berühmten Stätten der provenzalischen Kultur, die ihm vom Wissen her vertraut sind, eine lebendige Anschauung gewinnen.

Die Zeichnungen (Kohle) sind von Brigitte Berner.

(Umschlag: Les Baux)

Christa Oberländer
Günther Pohlus

Im Banne der Provence

Gestalten und Landschaften

© 1994 Schäuble Verlag Rheinfelden und Berlin
Alle Rechte vorbehalten
2., erw. Auflage

ISBN 3-87718-608-4

1	Vorwort
	Das Steinhüttendorf der Bories
	Die Abtei von Sénanque
	Das Museum der Glasmalerei
	Das Atelier Cézannes in Aix-en-Provence
	Eine Tagesreise um die Montagne Sainte-Victoire
	Vasarélys Kunstwabe
	Der Pavillon von Vendôme in Aix-en-Provence
	Cassis
	Lourmarin
	Bonnieux
	Lacoste
	Die Kirche von Grambois
	Die Krippe von Grambois
	Dreikönigstag in Pertuis
	Mirabeau
	Die Küstenstraße von Fréjus nach Cannes
	Ein Mimosenwald
	Das Picasso-Museum in Antibes
	Les Baux
	Fontaine de Vaucluse
	Osterspaziergang
	Ein Sonntag im Dorf
	Madame Parraud
	Arles
	Die Camargue
	Die Zigeunerwallfahrt in Les Saintes-Maries-de-la-Mer
	Stierhüterfest in Arles
	Avignon
	Orange
	Festival in Orange
	Nizza
	Tief durchatmen

Vorwort

Vom Herbst 1979 bis zum Sommer 1981 wohnten wir in einem kleinen Gehöft im Tal der Durance bei Aix-en-Provence. Unsere Arbeit bestand im Austauschschuldienst an einer französischen Grundschule bzw. in der Holzbildhauerei. Um mitten im Leben über das Leben nachzudenken, nahmen wir uns vor, dieses Buch zu schreiben. An freien Tagen machten wir Ausflüge. Zu Hause sprachen wir über unsere Erlebnisse; dann ging es ans Schreiben. Oft schrieb jeder ein Kapitel für sich allein; manchmal tasteten wir uns auch abschnittweise an ein Thema heran, so daß wir gemeinsam, sozusagen ineinandergreifend, ein Kapitel verfaßten. War es fertig, überarbeiteten wir es gemeinsam, Wort für Wort.

Es gibt wohl kaum eine bessere Methode, einander kennenzulernen, als wenn man miteinander schreibt. Wir erfuhren die Arbeit an diesem Buch als Chance, dem Leben in und um uns nachzuspüren. Nicht im Zickzackkurs, wie ihn Tageszeitungen und Fernsehen nahelegen, sondern, gewissermaßen, indem wir einem Ariadnefaden folgten und begannen, «an einem Netz von Fäden zu tasten und zu weben». Eine Vielfalt von Lebensweisen zeigt die Provence demjenigen, der sich mit ihrer Geschichte befaßt – ob es sich um Zisterzienser in Sénanque, um Petrarca oder Cézanne handelt – und diese Geschichten durchwirken das eigene Denken und Fühlen mit Ahnungen. So daß die Vergangenheit in den gegenwärtigen Augenblick mit hineinspielt, ihn erweitert und vielleicht auch verändert. Und die Gegenwart reicht in die Vergangenheit hinein, schenkt demjenigen neue Impulse, der sie zu entschlüsseln versucht. Ob er Experte oder Laie ist, wird zweitrangig. Wichtig ist, daß er sich mit seiner ganzen Person «hineinbegibt».

Wer schreibt, darf nicht versäumen, sich immer wieder ins Leben zu begeben und mit eigenen Füßen auf regennassen oder heißen Straßen zu gehen. Dabei sollte er vergessen, daß er wieder schreiben wird. Denn während er nach Formulierungen Ausschau hält, zieht sich das Erlebnis zurück, das aus Zerbrechlicherem als aus Worten gemacht ist, und entzieht damit dem Schreiben die Grundlage. Schreiben darf nicht zum Ersatz für Leben werden. Sondern will seine Seichtheit und Vergänglichkeit überwinden . . .

Mit diesem Buch versuchten wir ein Stück des Lebens (in der Provence) zu fassen. Was wir auswählten bzw. ausließen, ist im Grunde gleich-gültig. Sie, verehrter Leser, mögen sich Ihre Orte suchen. Die Provence wird jedem ein anderes Gesicht zeigen.

Und doch ist es möglich, auch wenn Sie mit anderen Orten vertraut wurden, daß Sie ein Stück Ihrer Provence in unseren Schilderungen wiederfinden.

Das Steinhüttendorf der Bories

Ein schmaler holpriger Weg, gesäumt von Steinmauern aus lose aufeinander geschichteten Platten, scheint bis ans Ende der Welt zu führen. An beiden Seiten des Weges breiten sich wildnishaft Eichen und Stechginster aus; dazwischen vereinzelt bienenkorbartige Gebilde in lichtem Grau, zusammengetragen wie die Mauer am Wege. Wir sind auf dem Plateau von Vaucluse, das bekannt ist für seine Steinhütten aus grauer Vorzeit. Sie liegen hier überall verstreut und werden noch gelegentlich von Schäfern benutzt. Und «am Ende der Welt» das verlassene Dorf der «Bories», das noch vor über hundert Jahren bewohnt war, heute aber Freiluftmuseum ist. Als es endlich im Abendlicht auftaucht, fühlen wir uns in die Steinzeit versetzt.

Hinter einer steinernen Umfriedung erheben sich die wie Höhlen anmutenden Behausungen. Dazwischen felsiger Boden, graue Grasflächen, Bäume und Sträucher. Gleich hinter der Mauer ein junger Olivenhain. Ringsum Wacholderbüsche und Steineichen. Ein Pfad führt mitten ins Dorf; ganz nah stehen wir jetzt vor einem «Borie». Er ist aus den abgeplatteten Steinen der Umgebung gebaut, mit so sicherem Augenmaß, daß wir das ohne Bindemittel heute kaum noch zustandebrächten. Und wie bei einem Schuppenpanzer liegen alle Platten mit Neigung nach außen, damit der Regen abfließen kann. Die Mauern wölben sich nach oben kühn der Mitte zu und finden ihren Abschluß in einer größeren Deckplatte, auf der die Firststeine ruhen. Meistens gruppieren sich um die Wohnhütte Nebengebäude: Werkstatt, Stall und Vorratskammer. Alles liegt unter einem Dach, das sich gleich verschieden hohen Bergkuppen an die senkrechten Wände anschließt. Die klobige Holztür dreht sich an einem Pfosten, der in Vertiefungen von Boden und Decke eingelassen ist. Fast jede Generation schichtete die Platten neu. Es erstaunt uns, daß ähnliche Häuser – auch in anderen Erdteilen – vor fast 3000 Jahren gebaut wurden, daß aber hier, in der Provence, noch 1850 Menschen in ihnen hausten. Hatten nicht die Römer im selben Land schon um die Zeitenwende Beispiele genialer Baukunst gegeben? Vielleicht zogen die Borie-Bewohner das einfache Leben vor. Steine und Holz gab es an Ort und Stelle. Trotz des kargen Felsbodens ließen sich Felder anlegen und Oliven und Mandeln, Getreide und Reben anbauen. Und natürlich wuchsen auch wilde Pflanzen, die man als Gewürze verwendete. Von den Blättern des Maulbeerbaums ernährte man Seidenraupen, die den Faden für das begehrte Gewebe spannen. Seide muß im glühenden Sommer das ideale Material gewesen sein. Im Winter dagegen bevorzugte man die Wolle der Schafe.

Doch von diesem Leben finden wir heute nur noch Spuren. Ringsum ist jene, von Menschenhand gestaltete Landschaft im Dickicht versunken. Nur dieses Dorf legte man ab 1969 frei, in jahrelangem Ringen mit der wuchernden Natur.

Wir kriechen in die Behausungen, entdecken Backöfen und Kammern mit uralten Geräten aus Küche und Werkstatt – Weinkelter, Olivenpresse, Vorratsgefäße – und versuchen uns das Leben zwischen diesen Wänden vorzustellen. Zwar sind die Mauerfugen innen mit grobem Mörtel verschmiert, um Wind und Insekten abzuhalten; zwar gibt es einen Kamin, an dem der Kessel über dem Feuer hängt, und Nischen zum Abstellen des Geschirrs. Aber oft sucht man vergeblich einen Rauchabzug; der Fuß geht über nackten Fels, und die winzigen Maueröffnungen über dem Kopf können kaum als Fenster gelten. Wie dunkel muß das Leben hier gewesen sein, wie hart der Kampf gegen Hunger und Kälte! Und doch erfüllt uns etwas wie Sehnsucht nach Geborgenheit, nach Konzentration auf das Wesentliche, vor allem angesichts des erhöhten Schlafplatzes in der Wärmezone des Kaminfeuers. Man sieht noch die quer in den Bau eingelassenen Balken, auf denen die Steinplatten ruhten und die den Grund für das erste Stockwerk bildeten. Das Besondere an diesen Balken ist, daß man in ihnen die Stämme der heimischen Bäume erkennt, mit ihrer Krümmung und Astgabelung. Durch die offene Tür fällt das Abendlicht ein und blendet die ans Dunkel gewöhnten Augen. Wir gehen wieder hinaus ins Freie.

Auf unserem Streifzug begegnet uns ein abgestorbener Mandelbaum. Er reckt seine toten Äste gegen den Himmel. Als ob er die Weite berühren wollte. Als ob er versteinert weiterlebte – ein Zeichen dafür, daß es kein Ende gibt, nur Verwandlung.

Lange stehen wir vor dem Baum. Stamm und Äste schrauben sich, wie von einem Wirbel erfaßt, in die Höhe. Wir entdecken an ihnen Fabelwesen, Unholde, einen Hirsch im Sprung, einen Hund . . . Und als wir uns schließlich zum Ausgang wenden, erscheinen, als einzige Zeichen der Zivilisation über dem verwilderten Maquis, Schloß und Kirche von Gordes.

Das Steinhüttendorf der Bories

Die Abtei von Sénanque

Die Abtei von Sénanque

Am Grunde eines einsamen engen Tals liegt Sénanque. Eine abenteuerliche Paßstraße führt, an die Felswand gepreßt, bergab, bis sich das Tal unten öffnet und die Fülle des Herbstes über ihm ausströmt. Kein Haus ist zu sehen, keine Hütte, nur flammender Wald und ein Lavendelfeld, als sich die Zisterzienserabtei aus dem 12. Jahrhundert zeigt. Grau wie der Fels über dem Talgrund, asketisch inmitten der herbfarbigen Natur.

Uns beeindruckt der gedrungene Glockenturm über der zierlichen Apsis, an die sich ein langgezogener Trakt anschließt. Losgelöstheit und Erdenschwere durchdringen sich. Die Dächer in dunklerem Grau sind aus den Steinen des Tals geschichtet. «Die Benediktiner schufen sich blühende Gärten der Meditation – die Zisterzienser suchten Gott auf dem froststarren Acker oder in der glühenden Wüste», schreibt Helmut Domke. Aber sie brauchten auch fließendes Wasser und fruchtbare Erde. Denn äußere und innere Reinheit gehörten ebenso zum Leben eines Zisterziensermönchs wie Armut und Feldarbeit.

So war jedes Kloster als eine sich selbst erhaltende Einheit geplant, gebaut wie die Mutterabtei von Clairvaux. Um den Kreuzgang gruppieren sich die Konventsgebäude, bis auf das Dormitorium, das über dem Kapitelsaal liegt. Gegenüber der Trakt der Laienbrüder und die Wirtschaftsgebäude. Dabei spiegelt die Architektur die Einfachheit wider, die in den Klosterjahrhunderten der Benediktiner verlorengegangen war; Bernhard von Clairvaux führte sie wieder ein. Ingeborg Tetzlaff schreibt darüber in ihrem Reiseführer über die Provence: «Daß alles aus Stein sei und zwar aus einem hellen lichtwirkenden Stein, war ebenso Vorschrift wie völlige Schmucklosigkeit – ein geradezu revolutionärer Gedanke in einer Zeit, in der jede Kirche über und über mit farbigen Fresken ausgemalt war, jedes Portal, jeder Pfeiler, jedes Kapitell im Kreuzgang so phantasievoll wie möglich ausgestattet wurde.» Farblos mußten auch die Fenster sein.

Wir treten ein und fühlen uns angerührt von dem reinen Licht und der Klarheit der Formen. Nichts erdrückt, nichts hält den Blick auf. Die Sparsamkeit der Mittel läßt jede Linie ins Licht treten und von ihm umspielen. Wie schön, warm und lebendig Stein sein kann! Alles Sichtbare ist Symbol für etwas Unsichtbares. Die Kuppel steht für den Himmel, die drei Fenster, die den Altar erhellen, für die Dreieinigkeit, die Altarstufe für eine höhere Daseinsebene. Die Arkaden, die das Hauptschiff mit den beiden Seitenschiffen verbinden, stellen vielleicht Tore zu einem neuen Leben dar. Zu den verschiedensten Tageszeiten schritten die Mönche unter ihnen hindurch, um gemeinsam zu beten und gregorianische Choräle zu singen. Hierher zogen sie auch mitten in der Nacht, vom Dormitorium aus, dem kirchenähnlichen gemeinschaftlichen Schlafsaal, in dem sie angekleidet auf Strohmatratzen lagen. Im Refektorium nahmen sie ein- bis zweimal am Tag ihr bescheidenes Mahl schweigend ein.

Im Gegensatz zu der hallenden Weite dieser Räume stehen Kreuzgang, Kapitelsaal und Wärmestube. Uns gefallen die zierlichen Arkaden des Kreuzgangs, die von Doppelsäulen getragen werden, der Blick auf das sparsame Grün des Gärtchens und die grau in Grau gestaffelten Dächer. Zwar waren Malereien und figürlicher Schmuck verboten, weil sie die Mönche auf der Suche nach Gott hätten ablenken können. Dennoch sind in die Kapitelle kunstvolle Pflanzenmotive gemeißelt.

Während der Kreuzgang als Verbindungs- und Meditationsweg diente, trafen sich die Mönche täglich im Kapitelsaal, um ein Kapitel der Bibel oder Ordensregel zu hören. In diesem Raum scheinen aus den beiden Bündelpfeilern palmenartig die Kreuzrippen zu wachsen, die das Spitzbogengewölbe tragen. Es wurde nachträglich eingezogen.

In der Wärmestube brannten im Winter zwei Kamine. Dieser Raum war der einzige beheizbare im ganzen Kloster. Aber hier hielt man sich nur für kurze Zeit auf – um Kutten zu trocknen, Schuhe einzufetten und Schriften zu kopieren. Dabei kriecht bereits jetzt, im Herbst, die Kälte aus den Mauern. Wir umrunden mit dem Kreuzgang mehrmals dessen Mitte, um ein Gefühl des Fröstelns zu überwinden.

Acht Stunden Arbeit, acht Stunden Gebet, acht Stunden Zeit für Essen und Schlaf. Was für ein hartes Leben! So hart, daß ein Zisterziensermönch durchschnittlich nur 28 Jahre alt wurde. Wie war es möglich, daß Tausende sich dafür entschieden?

Wir können uns nicht mehr jenes verzweifelte Suchen nach einem höheren Dasein vorstellen. Wir erlebten freilich nicht Bernhard von Clairvaux, den Gründer, in dessen Persönlichkeit sich Idealismus, Redetalent und Tatendrang verbunden haben müssen. So überzeugend, daß ihm sogar der eigene Vater und fünf seiner Brüder hinter die kühlen Klostermauern folgten.

Heute meinen wir, sie seien zu weit gegangen in ihrem Hunger nach Gott. Wir müssen ihnen aber zugestehen, daß sie «auf dem Boden blieben» und die besten Ackerbauern, Viehzüchter und Förster des Mittelalters wurden. Auch in den unwirtlichsten Einöden gelang es ihnen, sich anzusiedeln und das Land urbar zu machen.

Das Kloster gehört heute zwar noch den Zisterziensern, doch die letzten Mönche verließen es 1969. Der ehemalige Wirtschaftstrakt, der nach einem Brand im 18. Jahrhundert wieder aufgebaut wurde, dient heute Forschungsgruppen als Tagungszentrum. Thema ist vor allem die Geschichte des Mittelalters. Ausstellungen zeitgenössischer Künstler verbinden mit der Gegenwart. Eine Gesellschaft, die in der Sahara nach Öl bohrt, stellt Bilder und Gebrauchsgegenstände dieser fremdartigen Welt aus. Im Sommer erklingen wie vor 800 Jahren gregorianische Choräle.

Schon jetzt, am frühen Nachmittag, fällt nur noch Dämmerlicht in das Kloster. Wir gehen zuletzt in einen Raum, der in Bild und Wort die Denk- und Empfindungsweise des mittelalterlichen Menschen nahebringen will. Für ihn war ja jedes sichtbare Ding Zeichen für eine unbegreifliche göttliche Wesenheit. In einem Baum sah er den Baum des Lebens, in einer Quelle das Wasser des Lebens. Im Kreuz erlebte er die Höhe des Himmels, die Tiefe der Erde und die Weite des Universums. Und wenn er in einer sternklaren Nacht das Firmament betrachtete, fragte er sich, wer wohl mit diesen Blumen den Himmel bestickt habe.

Um wieviel reicher ist das Leben, wenn man die Erscheinungen mit mehr als fünf Sinnen betrachtet! Und wenn man versucht, wie Bernhard von Clairvaux, mehr aus Felsen und Bäumen zu lernen . . .

Wir verlassen das Kloster und gehen, geleitet von Bäumen, der spärlich bewachsenen Felswand entgegen. Weiter taleinwärts zieht sich der Pfad den Westhang hinauf. Er führt zwischen gedrungenen Steineichen in höhere Einsamkeit. Dort begegnet uns mit gegenseitigem Erschrecken ein prächtiger Feuersalamander. Sein vorsichtiges Sich-Davontasten hat etwas Meditatives an sich. Es erinnert an die Mönche, die mit kältestarren Gliedern nachts sich zum Gebet begaben.

Das Museum der Glasmalerei

Es geht durch einen Olivenhain. Der Mistral schüttelt die Äste und dreht die riesigen Mosaikglasscheiben, die zwischen den Bäumen aufgestellt sind. Wir streifen durch den geheimnisvollen Garten und nähern uns einem verzauberten Reich.

In Erde gebettet, dem Licht zugewandt, liegt das Museum der Glasmalerei am Rande eines spiegelnden Sees. Frédérique Duran legte es 1975 an, neben ihrem Wohnsitz, der jahrhundertealten Ölmühle der Herren von Gordes.

Kokosfarbene Fußmatten empfangen den Besucher und führen ihn gedämpften Schritts über gewachsenen Felsboden in helle Räume. Hinter einem hohen Pflanzenspalier aus Bambus beginnt die Kunstausstellung: die glasklaren Mosaikscheiben der Frédérique Duran. Das Licht fällt auf sie durch riesige Fenster und beleuchtet auch den provenzalischen Garten. Gelbe Vorhänge verwandeln den Hauptgang in eine Zimmerflucht. Der Betrachter durchschreitet einen Salon und betrit den nächsten. Immer aufs neue beginnt für die Phantasie das faszinierende Spiel mit den gläsernen Mosaiksteinen. Von Werk zu Werk wechselt die Empfindung. Wie nie zuvor zieht uns Glas in seinen Bann.

Wir erleben es als Kind des Feuers und Spielgefährten des Lichtes. Drei Grundstoffe – Quarz, Kalk und Soda – werden im Schmelztiegel auf 1400 Grad erhitzt; bei diesem Prozeß verändern und mengen sich die Stoffe – im Feuer entsteht das Glas. Nach der Beimischung von farbgebenden Metalloxyden holt der Glasbläser mit seiner Pfeife einen faustgroßen Klumpen aus der glühenden Masse und bläst ihn zu einem länglichen Zylinder. Durch Hitze und Kälte wird dieser gespalten und gestreckt, wie zufällig entstehen dabei oft zweifarbige Glasscheiben: Eine dicke Schicht blanken Glases ist überzogen von einer hauchdünnen mit farbigem Glas. Gerade das handwerklich hergestellte Material bildet durch seine Unregelmäßigkeiten, seine Bläschen und Schlieren, eine lebendige Struktur, die das einfallende Licht sichtbar und funkelnd macht und die Farben zum Leuchten bringt.

Frédérique Duran macht diesen Werdeprozeß durch Bilder, Texte und Werkzeuge anschaulich; staunend lesen wir, daß man schon 1500 v. Chr. in Ägypten Glas herstellte, während die Glasmalerei erst vor über 1000 Jahren entwickelt wurde. Und daß sich beide Techniken im Lauf der Zeit kaum veränderten. In einem eigenen Raum leuchten Dias auf mit Beispielen mittelalterlicher Glasmalerei in Europa. Doch wir wenden uns, im letzten Tagesschein, noch einmal den Werken der Künstlerin zu, die uns besonders beeindruckten: dem Kreuz, das trotz der Blau- und Grüntöne aus dem kalten Farbbereich Wärme ausstrahlt. Es ist, als stelle es mit seinen verschobenen Armen das Zwischenreich zwischen Tod und Leben dar. Der Abdruck des Schmerzes ist noch nicht ausgelöscht, doch im Licht verwandelt.

Eine andere Arbeit zeigt «Den Tod im Nacken». Ein Mensch spreizt sich entsetzt mit Händen und Füßen gegen etwas Unsichtbares; vielleicht gegen den Tod. Doch dieser sitzt nicht vor ihm, sondern hinter ihm, schemenhaft, Rücken an Rücken. Die Szene wirkt umso gespenstischer als bei hereinbrechender Dämmerung die Augenhöhle des Todes kristallen zu funkeln beginnt.

Eher heiter stimmt das Thema «Die Familie». Auf den ersten Blick erscheint sie als Fabelwesen mit drei Köpfen. Hier können Ehepartner amüsiert diskutieren, wer in der Familie welchen Kopf trägt. Doch dieses Werk verleitet auch zu vielen Interpretationen. Da ist das eine Rückgrat, das alle drei Familienmitglieder verbindet und ihnen die Kraft von sieben Leben zu geben scheint. Obwohl der blaue Panzer ringsum diesen Eindruck noch verstärkt, ist die Notwendigkeit zu Spaltung und Trennung bereits erkennbar.

Nie zuvor kam uns Glas so nahe wie an diesem Nachmittag. Wir möchten unser Haus mit einer riesigen strahlenden Scheibe erfüllen, zum Beispiel mit dem blauen Vogel. der zugleich in die Vergangenheit und die Zukunft fliegt . . .

Das Atelier Cézannes in Aix-en-Provence

Eine lange hohe Mauer. Dahinter versteckt ein stilles Haus mit erdbraunen Fensterläden. Umgeben von einem verwunschenen Garten, der vor sich hin zu dämmern, hin zu blühen scheint. Wir durchstreifen ihn und geraten auf dem abfallenden Gelände in dschungelartiges Gebüsch. Vögel zwitschern, Blumen leuchten. Ab und zu eine Zypresse. Und da ein abgeschiedener Platz mit Gras, das unbeschnitten und zügellos in die Höhe schießt.

Zwei junge Mädchen warten in der Sonne. Ob das Atelier geschlossen sei? Sie hätten geklopft, aber niemand habe aufgemacht. Wir klopfen noch einmal. Da öffnet sich das Fenster, und eine Dame unbestimmten Alters, mit braunem Haarknoten und ausdrucksvollen Gesichtszügen, schaut herab. Dann tut sich die Tür auf.

Ein intensiver Geruch von Früchten und aromatischen Kräutern strömt uns entgegen. Hinter einem Gitter, an dem «Privat» steht, drängen sich Gaben der provenzalischen Erde. Ein überreiches Stilleben. Eingestimmt mit Nase und Augen steigen wir die altertümliche Treppe hinauf. Zum «raffinierten Wilden», wie Pissarro Cézanne einmal charakterisierte.

Ein hohes helles Atelier. Das Licht fällt von Norden und Süden ein und taucht die Gegenstände in natürliche Helligkeit. Hier hat Cézanne also die letzten fünf Jahre seines Lebens malend verbracht, nachdem das Elternhaus im Jas-de-Bouffan verkauft worden war. Hier mauerte er sich vor ungebetenen Gästen ein; er wollte keine Zerstreuung. Als Sohn begüterter Eltern konnte er es sich leisten, ganz der Malerei zu leben. Die Leinwand steht noch bereit, die Palette; daneben ein farbenbekleckster Hocker, Graphikschränke, eine bis zur Decke reichende Staffelei. An den hellgrauen Wänden Skizzen; auf einem Bord ein paar Bücher, so hingelegt, als wäre erst gestern in ihnen geblättert worden.

Was wollte er, unablässig und in verbitterter Besessenheit? Der Einzelgänger, der scheu, reizbar und stolz seine Tage verbrachte? Fast zeitlebens von den Mitbürgern belächelt und den Malerkollegen bewundert?

Er wollte die Vibration des Lichts darstellen, das Zittern der Reflexe und Nuancen, wie die Impressionisten – Monet, Sisley, Pissarro. Er wollte die Tiefe des Himmels zeigen und die Verschmelzung der Farbtöne unter dem Glanz der Sonne. Deshalb liegt der verfleckte Rucksack da; in der Nähe Maltasche und Klappstuhl. Deshalb der schwarze Mantel in der Ecke, der uralte Hut und der Spazierstock. All das brauchte er, wenn er hinauswanderte. Er liebte seine Heimat so, daß er 1870, mit 31 Jahren, Paris verließ und für immer nach Aix zurückkehrte. Besonders die Montagne Sainte-Victoire, der einstmals heilige Keltenberg, zog ihn an. Er verstand es, ihn so auf die Leinwand zu bannen, daß jeder den Zauber fühlt. Paul Gauguin schreibt in einem Brief: «Als Mensch des Südens bringt er ganze Tage auf dem Gipfel der Berge mit dem Lesen Vergils und dem Betrachten des Himmels zu. Darum sind seine Horizonte hoch, seine Blau sehr intensiv, und darum vibriert das Rot bei ihm so erstaunlich.»

Bestimmte Motive ließen ihn ein Leben lang nicht los. Nicht nur Berge, sondern auch unscheinbare Dinge. Sie nahm er mit von Atelier zu Atelier. Da ist der Apfel, dessen Form er besonders bewunderte: seine vollkommene und einfache Rundung. Da der kleine pummelige Amor, der für ihn aus lauter Apfelformen bestand. Hinter dem Modell lehnt die Skizze, ebenso wie hinter den drei aufeinandergeschichteten Totenschädeln. Schalen mit «sterbenden» Zwiebeln, sich entblätternde Blüten; auf einem langen Wandbord eine Unmenge von Gefäßen.

All diese Dinge liegen wie zufällig verstreut. Und doch war es die Hand des Künstlers, die die Gegenstände arrangierte, sie in Beziehung zueinander und zum Raum setzte. Niemand durfte Hand an sie legen. Für Cézanne änderte sich das Wesen eines Gegenstandes, wenn er einen anderen Raum einnahm. Der Maler aber wollte mit vollkommenen, unveränderlichen Faktoren rechnen, indem er den Dingen ihren endgültigen Platz zuwies, um dann mit leuchtenden Pinselstrichen Figuren zu bauen. Vereinfachte, fast geometrische Figuren, die sich in der Kontur oder im Relief klar abzeichnen. Fauvismus, Kubismus und andere moderne Kunstrichtungen fühlten sich davon inspiriert.

Hat er erst gestern den Regenschirm in die Ecke gestellt und sich mit dem altertümlichen Kanonenofen beschäftigt? Hat er dann die Hände in die Waschschüssel getaucht und sich auf dem roten Sofa niedergelassen? «Ganz Auge», ganz der Farb-, Form- und Lichtkomposition zugewandt. Vielleicht stärkte er sich zwischendurch mit Wein. Die leere Flasche steht noch da, und das Glas, ungespült und verstaubt.

Doch die Vorhänge sind vergilbt und farblos, die Briefe in der Vitrine von hundertjährigem Licht gebleicht. Man atmet schwer in diesem Museum, das die Vergangenheit nicht geordnet, numeriert und katalogisiert hat, sondern sie in einen Dornröschenschlaf versenkt. Mit Dingen, die ihre Frische verloren und nun geisterhaft vor sich hin welken.

Wir möchten die Hintergründe verstehen und suchen am Ausgang das Gespräch mit der «Wächterin». Beim Tod Cézannes 1906 habe sein Sohn das Atelier geerbt, aber kein Interesse – und kein Auge – für das Werk seines Vaters gehabt und das Atelier unberührt zugeschlossen. Erst 1921 habe sich der Dichter Marcel Provence als Cézanne-Bewunderer für dessen Atelier interessiert und es dem Sohn abgekauft. Nach dem Tod des Dichters wollten die Erben das «Gerümpel» wegwerfen und das Haus abreißen. Doch Kunstfreunde in aller Welt, vor allem Amerikaner, kauften das Grundstück mit dem gesamten Inventar und schenkten es der Stadt Aix – die in ihren Museen kaum Bilder von Cézanne besitzt!

Ob sich im Garten viel verändert habe? Ja, aber sie versuche bei aller notwendigen Gestaltung die Natur triumphieren zu lassen. Wie lange sie das Haus schon behüte? Bald zwanzig Jahre. Warum? Sie lächelt: «C'est un destin» – das ist eine Aufgabe fürs Leben, meint sie.

Eine Tagesreise um die Montagne Sainte-Victoire

Wir folgen weiter den Spuren Cézannes und fahren die Straße entlang, auf der er so oft wanderte. Es ist die Straße nach Tholonet, die auch Route Cézanne heißt.
Die Stadt verliert sich bald an den Ausläufern der Hügel. In wechselndem Grün strömt es die Hänge herab, umspielt sonnenhelle Kalksteinfelsen und vermischt sich mit den vollen und klaren Farbtönen des Herbstes. Auf einer Anhöhe begegnet uns plötzlich das Lieblingsmotiv Cézannes: die Sainte-Victoire, die sich grauweiß schimmernd über den Wäldern erhebt. Dann läßt die Straße den Berg wieder geheimnisvoll verschwinden, um ihn hinter der nächsten Kehre, von Pinien umfächelt, erneut hervorzuzaubern.
Wir möchten aussteigen und diese Bilder in Ruhe betrachten. Zu beiden Seiten zweigen verführerische Wege ab. Wir entscheiden uns für einen und lesen erstaunt das Schild «Privatgrundstück». Nirgends ein Zaun; trotzdem zögern wir. Ein Stück weiter ist noch ein Pfad, der uns gefällt. Wir überqueren die Straße und lesen schon wieder «propriété privée». Doch da drüben scheint endlich ein Waldweg in die Einsamkeit zu führen. Nur weiße Grenzsteine lassen leichte Zweifel. Vermutlich wird der Weg an einem Privatbesitz vorbeiführen. Wir gehen in den Wald; plötzlich bleiben wir stehen. Ein Hund schlägt an. Jetzt noch einer. Unwillig erst, dann sich gegenseitig aufhetzend. Das wütende Bellen kommt näher. Wir laufen zur Straße zurück. Als wir sie erreicht haben, tauchen zwei Hunde auf. Eine gefleckte Dogge und ein schwarzer Schäferhund bremsen ihren schweren Lauf. Die Angst verbergend, tasten wir uns zum Auto. Aug' in Aug' mit den Bestien, die uns knurrend beobachten. Wir steigen ein und atmen tief durch. Nur weg von hier! Weiter!
Schon lange träumten wir von einer Landschaft ohne Zäune. In der die Häuser mit der Natur verschmelzen. Hier ist dieser Traum Wirklichkeit. Doch jetzt begreifen wir, daß es schlimmer ist, die Natur mit Schildern und Hunden zu versperren. An einem Zaun führt ein Weg vorbei; an einer Dogge nicht.
Auf der Fahrt entdecken wir immer wieder rechts und links lauschige Pfade. Aber nun sehen wir die Einladung ins Grüne mit anderen Augen: Es sind verbotene Wege. Die Besitzungen liegen gleich einem Sperrgür-

tel an der Straße. Man baute nicht nur Traumhäuser, sondern bezog auch Schlüsselstellung!

Am Ende der Route Cézanne liegt der riesige Platanenpark von Tholonet quer über den Weg. Der Herbst läßt das Schattenreich des Sommers als eine sonnenverträumte Allee erleben. Vor einer Felswand das gelbe Schloß mit seiner breiten Fensterlädenfassade. Hier ist der Sitz der Kanalgesellschaft, die, von den Stauseen hinter dem Gebirge ausgehend, Kanäle durch die Landschaft zog. Für die Trinkwasserversorgung, Felderbewässerung und Stromerzeugung.

Oberhalb von Tholonet verändern die Hügel ihr Gesicht. Pinienbewachsen, im Charakter einer herben Berglandschaft, umsäumen sie das Massiv der Montagne Sainte-Victoire. Wir sind fasziniert von dem, was wir da sehen.

Ein genialer Bildhauer scheint in den Kalksteinwänden eine große Schlacht der Weltgeschichte verewigt zu haben. In scharfer Front gegen die Mittagssonne, kalkweiß in Grau erstarrt. Wir machen eine Lichtung ausfindig, die Aussicht auf die bewegten Schauplätze verschafft.

Wie Sockel der Montagne wachsen langgezogene Felsbänder aus dem wogenden Grün der Hügel. Gleich Heeresstraßen steigen sie über die östlichen und westlichen Flanken hinauf. Sie führen mit sich die vordersten Scharen der Pinien. Es sieht aus, als brandeten sie gegen die senkrechten Wände. Und dann gestaltet sich die Szene zum Drama. Versteinert und doch entfesselt türmen sich Reihen und Spitzen hoch und höher. Wir wohnen einer gespenstischen Inszenierung bei, als wir uns vergegenwärtigen, daß dieser Berg Zeugnis ablegt vom schicksalhaften Untergang eines ganzen Volksstammes.

Im Jahr 102 v. Chr. kam es im Angesicht der Sainte-Victoire zur entscheidenden Schlacht zwischen Römern und eingedrungenen Teutonen. Kriegsglück und -geschick verbanden sich bei den Römern. Unter der Führung des Feldherrn Marius schlugen sie, so die Überlieferung, über 200 000 Germanen. 100 000 Krieger verbluteten auf dem Schlachtfeld. Die Frauen der Teutonen verfolgten den Kampf von den Wagenburgen aus. Als sie sahen, daß alles verloren war, gaben sie sich und ihren Kindern den Tod. Über 100 000 unserer Urväter gingen den Weg in die Sklaverei. Die Provence war nun fest in der Hand der Römer und blieb es vier Jahrhunderte lang.

Ein Naturphänomen am Fuß des Kalksteingebirges fügt sich noch zuletzt ins gleichnishafte Bild: Tiefe Wunden scheinen im Boden zu klaffen, und hervor bricht blutrote Erde.

Als wir den Platz verlassen, zerreißt peitschenscharfes Knallen die Stille. Zehnfach bricht es sich an den Wänden. Die Militärschießanlage von Aix entsendet nun pausenlos Salven.

Weiter nach Osten klettert die Straße dicht an die bleichen Wände heran. Bei St-Antonin-sur-Bayon, das etwa 500 m hoch liegt, umfahren wir die südlichste Flanke des Massivs. Nach und nach entpuppt sich die Sainte-Victoire als langer Gebirgszug. Vor uns erstreckt sich nun eine fruchtbare Ebene. Zwischen gelbem Weinlaub hängen schwere Trauben.

Hinter dem Dorf Puyloubier verlassen wir das flache Land. Durch die Schluchten der östlichen Ausläufer bricht die Straße wie ein Gebirgsfluß. Doch bei Puits de Rians schwenkt sie wieder in Richtung Aix. Schier endlos und schnurgerade verläuft die Strecke durch einsame Steineichenwälder, langsam ansteigend bis zum fernen Horizont.

Die Nordwände der Sainte-Victoire rücken heran. Sie wirken wie untermeerische Hänge. Ablagerungen von Jahrmillionen . . . Die Zeit hat längst begonnen, den Berg in seine feinen Schichten hinein zu zerlegen. Feuchtes Grün untergräbt die Mauern, die nie die Sonne gesehen. Auf dem Gipfel wird das gewaltige Kreuz der Provence sichtbar. Nur 1000 m über dem Meer. Wie himmelhoch thront es doch über den schroffen Südwänden!

Gleich einer Sprungschanze endet das schräge Plateau plötzlich als Paßhöhe. In Schlangenwindungen geht es hinunter. Wir erreichen Vauvenargues und lassen den Wagen bei der kleinen Schule stehen. Dann machen wir uns auf den Weg zum Schloß.

Es liegt jenseits der Talsohle am Fuß des «heiligen Berges». Gleich einem Jagdschloß über seinen Waidgründen erhebt es sich inmitten der Bergwälder. Dicke runde Türme mit stumpfem Kegeldach flankieren die Westfassade des massigen Baus. Im Schloßpark liegt Picasso begraben. Wir möchten sein Grab besuchen. Ein Schild am Parkeingang warnt aber, die Absperrung zu übertreten.

Schade, wir hätten auch gern den Adelssitz aus der Nähe betrachtet, den Picasso noch in fortgeschrittenem Alter erwarb, nachdem das Gelände unterhalb seiner Villa «La Californie» in Cannes zu einem Bauplatz geworden war. Die Überschreibung muß ihn mit Stolz erfüllt haben. Denn er kaufte mit dem Château das Recht, den Titel eines Marquis de Vauvenargues zu führen. Mit diesem Namen verbindet sich die Erinnerung an Luc de Clapiers, Marquis von Vauvenargues, 1715 in Aix geboren, schon 1747 hier gestorben. Er war ein Humanist und als Moralist ein scharfsinniger Kritiker der schöngeistigen Pariser Gesellschaft.

Schattig und verlassen liegt das Anwesen vor uns. Wahrscheinlich war Picasso das Leben hier zu einsam – und zu dunkel und kalt in der lichtarmen Jahreszeit. Schon bald nach dem Kauf verließ er das abgeschiedene Vauvenargues, um sich wieder bei Cannes niederzulassen. Dennoch wollte er hier im Schloßpark begraben sein. Seit er am 8. April 1973 starb, kam seine Witwe jahrelang am achten jedes Monats nach Vauvenargues.

Als wir durch das Dorf gehen, fallen uns die vielen Kunstwerkstätten und Boutiquen auf, die in den alten Häusern neu eingerichtet wurden. Die kleine Ortschaft wurde durch den Abglanz von Picassos Ruhm aus ihrer verträumten Ruhe gerissen.

Wir fahren weiter talauswärts und legen noch eine späte Rast beim Stausee von Bimont ein. Es ist kühl geworden, und der Anblick der künstlichen Landschaft läßt frösteln. Über dem sich hinschlängelnden Stausee endet der Wald wie abgenagt. Im felsigen Becken kräuselt sich kaltfarbenes Wasser. Aus einem baumdicken Rohr am Fuß des tief in den Abgrund gebauten Staudammes jagt mit Getöse das Wasser. Es ergießt sich in ein Auffangbecken, von dem aus es – in einer Betonrinne kanalisiert und von einem Tunnel verschluckt – seinen Weg durch den Berg antritt.

Es ist bereits dunkel, als unsere lange Rundfahrt um den majestätischen Gebirgszug bei Aix endet.

Sainte-Victoire

Lourmarin

Vasarélys Kunstwabe

Schon von weitem sehen wir den schwarzweißen Wabenkomplex der Vasarély-Stiftung. Seine Fassade wirkt einstöckig und großflächig gefaltet, als sei Würfel neben Würfel und zwar Kante an Kante gesetzt. Was an den Würfelflächen sofort ins Auge fällt, ist ihr Kontrastcharakter. Schwarz auf weiß bricht ein riesiger Kreis kompakt in eine Quadratfläche ein; daneben, weiß auf schwarz, zieht er sich als helle Leere ins Dunkel zurück. Rhythmisch eingefügt, Partien aus Glas, metallisch gerastert. Wir gehen um den endlos gefalteten Pavillon herum; seine schwarzen Sonnen weisen ab, seine weißen ziehen uns magisch nach innen an.

Taghell, hoch, gläsern empfängt den Besucher das Foyer. Es schleust ihn ein in die Kunstwabe Vasarélys. Als kleiner Mensch steht er im ersten Raum auf sechseckigem Grund, umgeben von sechs Monumentalwänden. Jede ist mit monotonen geometrischen Formen bedruckt, mit Vierecken, Kreisen, Ovalen. Diese «Wandflächenintegrationen» bestehen nur aus wenigen Farben, aber die Fülle an Tönungen und Schattierungen ist erstaunlich. Die nebeneinanderliegenden «Teilchen» unterscheiden sich kaum, und doch erkennt man auf den ersten Blick, daß sie nicht identisch sind. Es entsteht der Eindruck einer bewegten Oberfläche. Die großen Tafeln lassen sich als Farbmosaike betrachten, die unter Spannung stehen.

Ein innerer Zusammenhang ist auch in der Anordnung der acht Säle spürbar. Sie bilden eine natürliche Einheit: Die Kunstwände berühren sich nicht, sondern lassen Zwischenräume, die den Durchblick freigeben auf das wabenförmig angelegte Labyrinth.

Ein Kunstexperte wurde einmal gefragt, worauf man beim Sehen vor allem achten solle. Seine Antwort: «Achten Sie darauf, wie Sie sich fühlen!»

Hier, in diesen ineinanderfließenden Räumen, fühlt man sich verbunden, ohne verloren zu sein; frei und doch umschlossen – von Mächten, deren Einfluß man spürt, ohne zu erschrecken. Während wir langsam durch die Säle gehen, staunen wir über die Perfektion dieser bunten Geometrie, wie sie auf einfache Weise optische Täuschung hervorruft. Denn die ebene Fläche wirkt plastisch. Setzt man sich ihrer Strahlung aus, so glaubt man zuweilen, in die Tiefe magnetisch hineingezogen zu werden. Oder man spürt – zum ersten Mal – die Aggression einer Kugel. In einem Saal haben wir den Eindruck eines futuristischen Zentrums. Die Bildwerke bestehen aus silbrigen, verschieden gerasterten Metalllamellen; sie blinken geheimnisvoll, gleich getarnten Geräten, und drehen sich in schwirrendem Licht. Und plötzlich schwillt ein gewaltiger Orgelton und erfüllt den metallenen Raum mit einem Präludium Bachs. Die Musik scheint Vasarélys Phantasien zu erweitern.

Während Optisches und Akustisches verschmelzen, wird die «Tragweite» des Lichts neu bewußt. Es fällt hier von oben ein – gleichsam gefiltert und geläutert – und durchdringt den Raum mit einem gleichmäßigen, milden Schein, der die Kunstwerke nicht «ins rechte Licht rückt», sondern «förmlich» aus sich heraus wirken läßt. Die Decke ist aus durchsichtigen lichtgrauen Dreiecken zusammengesetzt, die von dunkelgrauem Metallgestänge eingefaßt sind. Sie korrespondieren mit dem Grau des Bodens und der Sitzpolster. Auch bei deren Aufstellung war gestalterische Phantasie am Werk. Manchmal präsentieren sie sich in weitem Rund, dann wieder in engem Kreis. Auf immer neue Weise laden sie die Besucher ein, sich von Vasarélys Kreationen inspirieren zu lassen.

Wir setzen uns auf einen solchen Gruppenfauteuil, blättern im Katalog und lesen: «Die neuen Städte sind allgegenwärtig ... Aus ihrem Umkreis wurde die Natur vertrieben, ihre Strukturen sind monoton, ihr Anblick ist trist und oft häßlich, und sie stellen für alle ausnahmslos einen visuellen Krebsschaden dar.» In diesem Zustand sieht Vasarély, der 1908 in Ungarn geboren wurde, seine Herausforderung. Er sucht ein Gegengewicht. Auf dem Weg, den er ehemals als Werbegraphiker zurücklegte, wurde er allmählich zum Künstler und Architekten, Ingenieur und Manager.

Vasarély sieht einen weiten künstlerischen Aufgabenbereich in den Baukomplexen, die in den dichtbevölkerten Bezirken der Städte entstehen. «Das trostlose Alltagsgrau in eine schöne und fröhliche Umwelt zu verwandeln ist unsere Aufgabe, die zweifellos wichtiger ist als einige Wunderwerke zu schaffen.»

So setzt sich seine Zielgruppe nicht aus einer Kunstelite zusammen, sondern aus der «Masse der sogenannten Ungebildeten». Ihnen will er Kunst als gemeinsamen Besitz und zu einem reellen Preis verkaufen. Um billig produzieren zu können, verzichtet er auf Relieftechniken. Stattdessen wird er kreativ bei der Wiederentdeckung von Schachbrettstrukturen, die die ebene Fläche dreidimensional erscheinen lassen. Vorgefertigte Architektur-Einheiten wie variable Metallplatten, die verschieden koloriert und dekoriert werden können, erleichtern die Durchführung seines Projektes. Dieses ist ohne Maschinen und Teamwork nicht machbar. Kunst und Industrie sollen eng zusammenarbeiten.

Ist es ausgestorben, das verkannte Genie, das einmalige Meisterwerke schuf? Werden wir eines Morgens in einer Stadt erwachen, in der die Fassaden über Nacht vervielfältigt wurden? Vasarélyhaft «über-zeichnet», messerscharf berechnet, verschlingend oder von sich stoßend? Selbst für den ehemaligen Werbegraphiker wäre dieser Traum ein Albtraum. Was er beabsichtigt, entspringt einem starken Sendungsbewußtsein. Er spricht von den Werkzeugen des menschlichen Geistes, dem Alphabet, den Ziffern und deren unendlichen Verbindungsmöglichkeiten. Und er glaubt, ein ebenso universelles Alphabet für die darstellende Kunst gefunden zu haben: Farbnuancen und plastische Einheiten. Nun lädt er andere schöpferische Geister ein, sich seines «Alphabetes» zu bedienen. Er verneint die Uniformierung, die sich aus solch begrenztem Zeichenvorrat ergeben muß. Stattdessen verweist er auf Bach und Boulez, die sich der gleichen Tongesetze bedienen, auf Villon oder Aragon, die die gleichen Buchstaben verwenden . . .

Ein gewagter Vergleich! Denn das darstellerische Vokabular Vasarélys ist eher mit einer Webart vergleichbar. Jedes derartig gewebte Bild trägt unverkennbar die Handschrift ihres Urhebers. Landschaften oder Porträts lassen sich so nur in unpersönlichem Raster darstellen. Raffiniert zwar, fast hypnotisierend, aber doch eher computerhaft als menschlich kreativ.

Wir steigen die eine der seltsam ineinanderverwobenen Treppen hinauf in den ersten Stock. Dort sind 22 automatisierte Bildarchive aufgestellt, die in chronologischer Folge Vasarélys Arbeiten zeigen. 800 Bilder, zum großen Teil graphische Studien, sind auf Knopfdruck abrufbar. Vasarély will hier informieren, Beispiel geben, beeinflussen.

Doch ein Nicht-Graphiker ist da überfordert. Die Kompliziertheit verwirrt, das Klappern beim Bildwechsel stört. Wir schauen lieber die Fotografien an, auf denen die Ideen des genialen «We(r)bers» – seit 1952 in aller Welt – in die Praxis umgesetzt wurden. In der Bundesrepublik geschah das in Münster, Bochum, Bonn, Essen, Stuttgart, Wuppertal und Frankfurt.

Dabei soll Vasarély niemals offizielle Unterstützung und auch von privater Seite keine finanzielle Hilfe erhalten haben. Der Komplex Gordes-Aix ist das Ergebnis der Arbeit von mehreren Jahrzehnten. Vasarély verstand ihn nicht als Endziel, sondern als «Ausgangspunkt für eine soziale Technik-Kunst».

Als wir das Gebäude verlassen, sehen wir viele Menschen auf der Grünfläche vor der Stiftung. Sie alle wohnen irgendwo . . .

Der Pavillon von Vendôme in Aix-en-Provence

Wir fühlen uns wie ungebetene Gäste, als wir den Park verschlossen finden. Wir drücken auf den Klingelknopf neben dem schmiedeeisernen Tor. Ein alter Mann öffnet.
Die Anlage gleicht einem grünen Reißbrett. Spiralförmig geschnittene Büsche wachsen aus dem Grün des Rasens, der von hellen Kieswegen durchzogen ist. Ringsum hohe Einfassungsmauern, vor deren Grau die Stämme der Platanen sich kaum abzeichnen. Nur die feingliedrige Silhouette der Äste verwischt die harten Mauerkonturen.
Zwischen zwei Atlanten, geschmückt mit Symbolen der Jahreszeiten, treten wir ein in den Pavillon: Ledergobelins, die sich langsam in ihre Bestandteile auflösen; müde Sofas und Sessel, deren Bezüge nicht mehr leuchten, obwohl sie wenig benutzt aussehen; Kamine ohne Zierat; zufällig zusammengestelltes Geschirr in einer Vitrine; Intarsienschränke, gediegen, doch nicht von ausgesuchter Schönheit; ein fein geschreinerter Wandschrank, der ein Durchgangszimmer auskleidet – seine Holzvertäfelung ist mit verträumten fernen Landschaften bemalt; an den übrigen Wänden verblichene Stofftapeten und Porträts. Unter all den Gewesenen, die da auf uns herabblicken, suchen wir «Die Schöne».
Wurde doch ihretwegen dieser Pavillon einst als «Landhaus der Liebe» erbaut. Auftraggeber war der Herzog Louis von Vendôme, der im 17. Jahrhundert die französischen Streitkräfte in der Provence befehligte. Da er erfolgreich und menschlich war und es auch verstand, Frieden um sich zu verbreiten, schätzte ihn die Bevölkerung. Er wurde zum Gouverneur der Provence ernannt und erhielt eine beträchtliche Summe, um sich eine standesgemäße Residenz zu erbauen.
Doch er kaufte lieber ein Grundstück in der Vorstadt der Franziskaner, um sich und der Schönen einen Landsitz zu errichten. Denn er liebte die «Belle du Canet», wie sie im Volksmund hieß, und wollte sie zur Frau nehmen. Aber der Sonnenkönig, sein Vetter, fand diese Verbindung unstandesgemäß. Deshalb bot er seinem Verwandten den Kardinalshut an – der Ehelosigkeit voraussetzte. Und Vendôme mußte annehmen. Von da an konnte er die Geliebte nicht mehr in seinem Haus empfangen; er baute für sie statt des gemeinsamen Landsitzes den Pavillon. Seine Vorsicht ging so weit, daß er das Treppenhaus als Loggia gestaltete, so

daß die Karosse bis zum Fuß der Treppe fahren konnte. Die Schöne stieg aus und huschte die Stufen hinauf.

Auch wir haben die Treppe benutzt, die sich, wie in eine geöffnete Muschel gebettet, zum ersten Stock hinaufschwingt. Wir haben die Obstschalen aus Stein mit den künstlichen Früchten betastet, die Schäferszenen auf den Wandteppichen betrachtet und die riesigen vergoldeten Schnörkelkerzenständer. Wir sind hinter den hohen Fenstern gestanden, deren Läden innen angebracht sind – gleich Schranktüren betonen sie den einstigen Landhauscharakter – und haben auf den Park hinuntergeschaut. Jetzt sitzen wir auf einer Chaiselongue.

Ein verschlissenes Sammelsurium – in dem einstige Schönheit und Kitsch miteinander vermischt sind. Sechs Räume mit liebenswert verbrauchtem Inventar. Von vergangenem Leben erfüllt; doch nicht von der Geschichte jenes Paares. Der Pavillon war unvollendet, als Louis von Vendôme starb. Ebenso der Park, der erst in unserem Jahrhundert nach alten Plänen neu angelegt wurde. Zwei Jahre nach dem Tod des Gefährten starb auch die Schöne; das Landhaus der Liebe kam in fremde Hände und wurde umgestaltet. Im 18. Jahrhundert ersetzte man die Loggia durch einen geschlossenen Vorraum und fügte ein zweites Stockwerk hinzu, in dem heute das Büro des Konservators untergebracht ist. 1730 wurde der Maler van Loo Eigentümer der Villa. Und im 20. Jahrhundert vermachte sie ein Sammler der Stadt Aix.

Wir verlassen das Haus. Auf dem Kiesweg, der mitten über den grünen Vorplatz führt, schlendern wir bis zum Springbrunnen. Von hier aus kann man den Pavillon gut überblicken. Die Sonne taucht den gelben Rhônestein in warmes goldenes Licht. Wie ausgewogen die Fassade wirkt mit ihren fünf etagenhohen Fenstern in jedem Stockwerk; dazwischen ebenso breite Mauerpartien, auf denen schmale Pfeiler mit dorischen und jonischen Kapitellen vorspringen. Vor den Fenstern, die durch weiße Sprossen so anmutig erscheinen, schmiedeeiserne Balkongitter. Sie bilden zusammen mit filigranartigen Friesen zwischen den Geschoßen ein Gegengewicht zur aufstrebenden Vertikale. Figürlicher Schmuck betont den Mittelteil.

Langsam steigen die Schatten. Sie haben nun auch den Frauenkopf erfaßt, der über dem Eingang auf jeden Besucher hinabblickt. Das steinerne Haupt ist mit Früchten bekränzt – Symbolen des Sommers. Und das Gesicht trägt die Züge der Schönen.

Welch ein Gedanke, das geliebte Gesicht über der Tür einzumeißeln! Und seiner Liebe ein Haus zu bauen. Vendôme wollte ihr den gebührenden Raum schaffen, sie schützen. Aber kann das gelingen, wenn aus dem Bau ein Stundenheim wird? Vier prächtige Wände, zwischen denen man liebt, nicht lebt . . .

Cassis

An diesem sonnigen Oktobersonntag fahren wir nach Cassis, einem malerischen Fischerhafen an der Felsenküste zwischen Marseille und Toulon. Wir möchten herbstliche Strandfreuden erleben und die berühmten Calanques sehen – fjordartige Meeresbuchten, die sich im Gebirge als Schluchten fortsetzen.

Bald nach Aix-en-Provence taucht das grauweiße, scharf gezeichnete Massiv des Sainte-Victoire auf, das sich über den bewaldeten Hügeln so unvermittelt erhebt. Es begleitet uns viele Kilometer lang.

Als wir die Autobahn verlassen, leuchtet aus der Tiefe das Meer herauf. Es geht weit, weit hinunter, vorbei an Weinbergen, vorbei an Villen, Palmen und Agaven, deren hochragender Blütenstamm so fasziniert. Dieses ekstatische Aufblühen – und danach verfaulen!

Auf dem Strand von Bestouan strotzt das Leben. Die Sonnenhungrigen wirken wie ein schillernder Teppich, der nur ab und zu den Boden durchscheinen läßt. Wir steigen über Textilien und besetzen selbst einen Platz an der Sonne.

Zurückgelehnt die Sinne schweifen lassen. Die Weite des Meeres, die verschiedenen Tönungen – grünlich, türkis, tiefblau – die weißen schäumenden Wogen, die rhythmisch an das Ufer rollen. Das Wasser ist so klar, daß die Felsen am Rande der kleinen Bucht vom Grund heraufschimmern. An dem natürlichen Hindernis bricht sich jede Welle blendend weiß und fließt gleich einem graziösen Wasserfall ins Meer zurück. Aus der Hafenmole heraus tuckern Boote mit bunten Menschen.

Die Sonne auf der Haut spüren und die Kiesel unter den nackten Beinen. Mit beiden Händen nach den Steinen greifen. Mit den Sinnen ganz da sein! Schauen, horchen, tasten, riechen, fühlen!

Die Steine lassen und nach Rotwein, Brot und Käse greifen. Dabei beobachten wir die Windsurfer, die sich den Elementen aussetzen. Wie beschäftigt diese Einzelkämpfer sind, mit sich, dem Wasser und dem Wind!

Da taucht «Ninette» auf. Ein junges Mädchen mit düsterem, aber bedeutsamem Blick. In sich versponnen steuert sie auf ein freies Fleckchen Strand zu und entfernt mit zielbewußtem Ruck ihre Flatterbluse. Mehrere Männer richten sich auf. Das ist zwar nicht die erste nackte Frauenbrust am Strande von Bestouan, sie allein wird es auch nicht sein, die einen Augenblick lang ungeteilte Aufmerksamkeit genießt . . .

Wir geben den «Posten» auf und setzen uns zu den Wasserfallfelsen. Dort schauen wir noch eine Zeitlang dem Meer zu. Dann zieht es uns zum Hafen.

Hier beschreibt die Straße einen Halbkreis vor der Kulisse windschiefer Altstadthäuser mit ihren vorgelagerten Markisenrestaurants – um das Hafenbecken, in dem vorwiegend alte und grellhell bemalte Boote festgemacht sind. Fast alle Tische hinter den Glasveranden sind besetzt. Dort wird der Apéritif wie auf einer Bühne genossen. Haus an Haus wird bewirtet. Jedesmal ein anderes Flair, eine andere Zusammensetzung andersartiger Stimmung. Eine kleine Welt, der sich nur die Platanen zu entziehen scheinen, die, oft inmitten der Schlemmergärtchen wurzelnd, durch ihre Dächer wachsen. Zu gern hätten wir uns mit dem Rücken zum Hafen auf die Bank gesetzt und in diese «Schaufenster» hineingesehen. Hätten in den Gesichtern der Schlürfenden und Sprechenden gelesen. Doch das geht nur unauffällig.

Eine Cassis-Familie wird von ihrem Dobermann vorbeigezogen. Gegen die gespannte Leine gestemmt das familiäre Oberhaupt, ein wahrer Cassius im feingeschnittenen Parka. Er ist umringt von einer Troika heranwachsender Töchter und jugendlicher Ehefrau. Die drei stilisieren ihren Mann und Vater zum Cäsar hoch, wie sie ihn da begleiten. Soviel Geschlossenheit nach außen!

Wir gehen langsam weiter; der Blick fällt auf das ölige Hafenwasser, dessen Grund deutlich heraufscheint: eine Palette von Abfällen, dazwischen tote Fische. Wir überklettern die Hafenwehr und stehen im Bann von Meer und Wind. Hinter uns die kleinen Appartementhäuser, deren geschlossene Fensterläden von der vergangenen Sommerzeit träumen. Hoch über dem Meer eine Art Bergfestung. Man könnte sie ein Kloster des 21. Jahrhunderts nennen. Jäh über dem rotsandigen Abgrund erheben sich moderne Mauern aus Naturstein – als wollten sie eine unsichtbare Burg schützen. Doch die auf den Fels gebauten Wände sind schon die Burg. Ist es Tarnung, daß die großen Fensterscheiben spiegelfrei mit der Außenfront abschließen? Man kann nicht hineinsehen, wohl aber heraus.

Auf dem Rückweg begegnen wir vielen Menschen, aber niemand erwidert den Blick. Wie abgestumpft sie sind; erkaltet. Oder hat die Sonne unsere Augen ermüdet? Wir schauen auf das Meer, das nur noch weit und leer ist.

Die Stunde des Übergangs ist angebrochen. Ringsum badet die Küste in weichem Licht. Kühle breitet sich aus, während der Stein noch voll Wärme ist.

Lourmarin

Von Cadenet aus der Ebene der Durance kommend, führt die Straße in schwungvollen Wendungen nach Norden. Das erdgebundene Zusammenspiel von schmalen Äckern, Buschwerk und Felsformationen fesselt uns immer mehr, als sich das Bild mit einem Mal ändert. Es geht in das Tal von Lourmarin hinab. Von Osten bis Westen wachsen die Südhänge des Lubéron fast unvermittelt aus dem Boden.

Die Straße führt um die Ortschaft herum zum Parkplatz neben dem Fußballfeld. Vor uns eine ausgedehnte Schafweide, über die ein Schäfer mit seiner Herde zieht. Gegenüber Schloß Lourmarin. Seine verschachtelten Terrassen, Dächer und wuchtigen Türme stufen sich gebieterisch nach oben, als wollten sie Berg und Tal in Schach halten. Links, in respektvollem Abstand, die versammelten Häuser des Dorfes. Unter verschieden geneigten Dächern ein Gewimmel von hellen und schattigen Mauern, überragt von einem winzigen Glockenturm auf einem Felsenpodest.

Wir betrachten wieder das Schloß. Uns zugewandt der sechseckige Wehrturm mit seiner asymmetrischen Treppen- und Zinnenkrone. Er gehört zur mittelalterlichen Burg, die mit dem Renaissanceschloß darüber verwachsen ist. Büsche, Bäume und Ranken verdecken ganze Partien und lassen die Mauern mit dem Talgrund verwurzelt erscheinen. Wie eine Schleppe zieht sich das Grün in die Wiesen hinunter.

Da entdecken wir im Norden die besondere Stelle dieses Tales. Unter dem hohen Horizont klaffen am Berg Felswände auseinander. Sie bilden den Eingang zur Schlucht von Lourmarin, die sich zwischen dem großen und kleinen Lubéron hindurchzwängt. Diese Schlucht stellte schon vor 2000 Jahren einen wichtigen Durchgang dar, da sie zwei Römerstraßen zwischen Aix und Apt miteinander verband: die Via Aurelia, die an die Küste führte, und die Via Domitia, auf der man von Spanien aus über die Alpen nach Italien gelangte. Auch die Herren von Baux erkannten die strategische Bedeutung dieses Engpasses; sie errichteten deshalb im 12. und 13. Jahrhundert eine Festung, um den Zugang zur Schlucht zu kontrollieren. Von dieser Burg ist heute bis auf Fundamentreste nichts mehr vorhanden.

Wir schlendern quer über die Wiese auf das Schloß zu. Gegen den Renaissanceteil aus dem 16. Jahrhundert ducken sich die schrägen

Dächer der Burg aus dem 15. Jahrhundert. Ihre dreistöckigen Gebäude werden flankiert von einem ganz in Efeu gehüllten runden Wehrturm. Auf einer schattigen Galerie im Mittelteil der Burg verharrt eine bleiche Gestalt; eine steinerne Madonna, wie wir im Näherkommen feststellen.

Eine halbrunde vergitterte Fensterhöhle dicht über der Böschung läßt uns jetzt in den Burghof sehen. Auf vorgebauten Gewölben erstreckt sich über zwei Seiten des Hofes eine prächtige Loggia mit Arkaden und Säulen. Darüber die doppelte Holzgalerie des zweiten und dritten Stockes. Wir stellen uns vor, wie der Burgherr nach langer Abwesenheit zurückkehrt. Aufgeregtes Rennen und Rufen auf vier Ebenen übereinander; alles von unserem Standort aus zu überschauen.

Wir möchten mehr vom Inneren der Burg sehen und folgen der hohen Mauer. Neben dem südöstlichen Tor klettert eine schmale, ausgetretene Steintreppe in den äußeren Garten hinauf. Eine Dreiergruppe riesiger Zypressen läßt uns in ihre Mitte treten und nur noch ein Fleckchen Blau am Himmel entdecken. Eine breite Allee dieser königlichen Bäume, die «Allee der Philosophen», führt zwischen frei sich entfaltenden Blumen und Sträuchern auf ein Terrassentor zu. Daneben, in die steinerne Umfriedung eingefügt, steht wie im Range eines Dienstboten der provenzalische Wächterturm. Seine runden Mauern überragen sein steinernes Dach, das wie ein Mützenschirm nach vorne abwärtsschrägt. Wilder Wein breitet sich über die Wände wie loderndes Feuer. Ein großer Laubbaum beugt sich darüber, und als bilde seine Krone den Rauch, wallen die Blätterwolken fort in die Allee.

Von ihr aus schwenkt der Kiesweg auf das Renaissanceschloß zu. Zwei Türme, der eine rund, der andere viereckig, stehen sich fast diagonal gegenüber; dazwischen der geradlinige Körper des Schlosses. Als wollten seine Baumeister alles Himmelstrebende vermeiden, sind die drei Geschosse mit breiten horizontalen Gesimsen niedergehalten, die sogar den runden Turm mit einbinden. Steinerne Fensterkreuze unterteilen das Dunkel der stockwerkhohen Fenster. Unter dem Dach gnomenhafte Wasserspeier, die sich auf gebrechliche Arme stützen.

Wir folgen weiter dem breiten Kiesweg, der zur Nordseite des Schlosses führt. Dort setzen wir uns auf den Rand des geschwungenen Brunnenbassins. Schwarzes Wasser und eine stille Oberfläche spiegeln die Tiefe provenzalischen Schattens. Eine bacchantisch grinsende Maske über dem Becken wartet darauf, mit ihrem sinnlichen Mund wieder den Wasserstrahl zu formen.

Inzwischen haben sich mehrere Leute eingefunden, um an der nächsten Führung teilzunehmen. Wir werden durch das schmiedeeiserne Tor eingelassen.

Dann stehen wir auf der hochgelegenen Gartenterrasse, die mit ihrer steinernen Balustrade in den sonnigen Raum hinausragt. So daß man meinen könnte, auf einer Seeterrasse zu stehen. Denn die blaue Luft dahinter – gleicht sie nicht einem See, der Burg und Dorf voneinander trennt? Schön müssen an Sommerabenden hier Konzerte sein! Und Theateraufführungen, wenn die Amphoren an der Längsseite des Schlosses mit Blumen gefüllt sind und aus dem weinlaubumrankten Schloßwächterturm, dort an der Ecke, Licht schimmert.

Der Kies knirscht, als wir zur Brüstung vorgehen. Die Illusion des Sees verschwindet. Dafür leuchtet, von einer zweiten, etwas vorgelagerten Terrasse, der lichte Spiegel eines Bassins herauf, von Geranien umgeben. Auf der Steinumrandung eine hinreißend ruhende Nymphe, den Kopf leicht in die Hand gestützt. Sie sieht den Goldfischen zu, die lebhaft zwischen den Seerosen hin und her schwimmen.

Wir schauen der Nymphe zu; dann treten wir durch das Turmtor ein in den Renaissanceteil des Schlosses. Die Küche tut sich auf mit hohem Kreuzbogengewölbe, der übergroßen Feuerstelle, an deren verrußten Wänden Küchengeräte hängen, und einer Anrichte mit Tongeschirr aus Apt und anderen Orten des Lubéron. Ein bäuerlicher Tisch steht in der Mitte und ist, wenn auch nicht Blickfang, so doch geheimes Zentrum. Die zum Teil fremdartigen Messinggeräte, darunter ein Samowar aus Turkistan, ordnen sich dem Stein unter und wirken nicht weniger passend als die zwei wuchtigen Amphoren dort am Kamin.

Im nächsten Raum ist es das Holz, das dem Schloß seinen Stempel aufdrückt. Mit einem kunstvollen Buffet – geziert von Zinngefäßen – in dessen Tellerbord ebenfalls bemaltes Tongeschirr ausgestellt ist, aus Moustiers. Mit einem kostbaren Schrank aus dem 17. Jahrhundert, zwei spanischen Tischen aus fast schwarzem Holz, Truhen, Kommoden. Doch vor allem mit der einzigartigen Decke, deren Balken sich, vierschrötig und Gemütlichkeit verbreitend, quer über den Raum ziehen; aus fleckigem verräuchertem Tannenholz. Dazwischen, auf den Balken ruhend, lamellenartige Lattenroste.

Nur schwer würde man die ursprüngliche Bestimmung dieses Raumes erraten. Denn in diesem sogenannten Speisezimmer befindet sich neben dem monumentalen Kamin auch ein Klavier, neben Ausgrabungen aus der Bronzezeit auch ein galloromanischer Steinfuß und auf einem Schränkchen eine versonnen sitzende Gretchengestalt aus Porzellan. Jeder Gegenstand scheint mit Geschmack und Liebe angefertigt, ausgewählt, aufgestellt zu sein. Selbst die Stiche an den lichtblau bemalten Wänden und die Bilder aus vier Jahrhunderten tragen zur strengen ländlichen Schönheit des Raumes bei – in dem keine Speisen mehr serviert werden, sondern im Sommer Vorträge und Musik.

Der nächste Raum ist der «Salle Martel»; an den Wänden hängen Aquarelle des Künstlers. Sie zeigen die Burgruine um 1920, als man sie verkaufen und in ihre Bestandteile zerlegen wollte. Doch der Geschichtsprofessor Laurent-Vibert, zugleich Mitglied der Ecole Française von Rom, war beeindruckt von der Schönheit dieser Mauern, der abgebrochenen Balkendecken, der Wind und Wetter ausgesetzten Kamine. Er kaufte die Reste und baute das Schloß in vierjähriger Arbeit wieder auf, mit Hilfe seiner Freunde und der Handwerker von Lourmarin. Dabei schwebte ihm die Idee vor, aus diesem fürstlichen Hause ein Zentrum zu machen, das «der Kunst, dem Geist und der Freundschaft offensteht». So ließ er nicht nur Decken, Böden und Türen der 32 Räume nach jahrhundertealtem Vorbild anfertigen, trug nicht nur kostbare Möbel zusammen, um die leeren Räume auszufüllen, sondern sammelte auch an die 20 000 Bücher; sie sind in neun Bibliotheksräumen aufgestellt. Auch der Salle Martel ist Bibliothek und enthält ebenso wie die anderen Säle besonders viele Bände über Kunst.

Durch eine winzige koptische Tür, die von einer Orientreise stammt, geht es von diesem Studierzimmer aus in ein erstaunliches Gemach. Im Westturm gelegen, macht es den Eindruck einer gewaltigen Nische. Mehr als halbrund und doch nicht vollkommen rund – zum Kreis fehlt ein Segmentviertel – mit Kuppeldecke und Steinfußboden. Früher bewahrte man hier Fleisch auf; davon zeugt noch der massive Haken an der Decke. Doch jetzt lenkt das ausladende französische Bett den Blick auf sich und lädt zum Kuscheln, Träumen, Philosophieren ein, während die wenigen übrigen Gegenstände spartanisch sind. Zwei Fenster wie Scheuklappen, die durch meterdicke Mauern Streifen gleißenden Lichtes einlassen, und eine Stehlampe sorgen für unwirkliche Helligkeit. Welch ein Privileg, sich abends in diese gelbe Betthöhle zurückziehen zu dürfen!

Wären wir französische Künstler, könnte der Traum Wirklichkeit werden. Denn seit 1929 gewährt die Laurent-Vibert-Stiftung jungen französischen Künstlern und Forschern bis zum Alter von 35 Jahren kurzfristigen kostenlosen Aufenthalt. Einen Sommermonat lang leben und arbeiten sie im Schloß, das jetzt der Universität von Aix gehört, und essen in den Restaurants des Dorfes. Was für eine Chance für die Fünfergruppe, sich «im Geist und in der Freundschaft» zu begegnen!

Wir kehren zum Eingang zurück, um die steinerne Wendeltreppe emporzusteigen. Wie wenig haben wir sie vorhin beachtet! Vom Boden aus wirbelt eine stufentragende Steinspirale steil nach oben. Aus ihrer Mitte heraus fächern sich in bewegtem Schwung die Treppenstufen, die in die Turmmauer hineinwachsen, sich abstützend und mitbauend. Sie sind tief ausgetreten und scheinen voranzueilen, als wir den Schlangenwindungen der Säule folgen.

In der Wand sind kleine Schießscharten ausgespart. Wir spähen hindurch und entdecken trichterförmige Öffnungen; auch drüben am Schloß. Sie stammen aus der Zeit der Religionskriege. Damals – 1545, fünf Jahre nach Vollendung des Baus – suchten die Waldenser Zuflucht im Schloß. Die Baronsfamilie von Agoult, die Schloßherren, waren auf ihrer Seite. Sie hatten ja die Waldenser, die sich später an die Calvinisten anlehnten, im 15. Jahrhundert aus Piemont gerufen, um den Boden von Lourmarin und andere Besitzungen kultivieren zu lassen. Zu dieser Zeit waren mehrere Dörfer entstanden, auch das von Lourmarin. Es gibt, nebenbei bemerkt, zu denken, daß ähnlich wie die Benediktiner und Zisterzienser in der Frühzeit des europäischen Christentums, später die Reformierten – Waldenser und Hugenotten – den wirtschaftlichen und kulturellen Fortschritt entscheidend förderten.

Die Waldenser hielten, was sie versprochen hatten. Sie «verwandelten die Wildnisse der Provence bald in einen blühenden Garten», wie Moritz Hartmann in «Licht der Provence» schreibt, und versuchten, nach den Regeln des Evangeliums zu leben. Und doch wurden sie Anfang des 16. Jahrhunderts verfolgt. War es nur der «falschen Lehre» wegen, weil sie Heiligenkult, Fasten und Ohrenbeichte nicht praktizierten? Jedenfalls hatten die katholischen Priester durch jahrzehntelange Verleumdungen den Boden bereitet, als das Parlament von Aix den Religionskrieg anordnete (mit Einwilligung des Königs Franz I., der danach strebte, das Gebiet seinem Königreich einzuverleiben). Parlamentspräsident war damals der Baron von Oppède-le-Vieux, der aus Rache das zerstören wollte, was er nicht bekommen konnte. Die Baronin von La Tour d'Aigues hatte ihm nämlich ihre Hand (samt Mitgift) verweigert.

In den 24 Waldenserdörfern, die die Baronin besaß, wurde alles «von Grund auf zerstört, die Ernte vernichtet, die Straßen aufgewühlt, die Brücken zerbrochen, die Brunnen gefüllt» (Moritz Hartmann). Fast 3000 Menschen wurden gesteinigt, verbrannt, geköpft, erschlagen oder auf königlichen Galeeren eingesetzt. Einige flohen in die Höhlen und Schluchten des Lubéron, wo sie verhungerten, weil jedem bei Todesstrafe verboten war, ihnen zu helfen. Viele schlugen sich durch bis in die Schweiz oder nach Deutschland, wo sie sich den Reformierten anschlossen.

Inzwischen sind wir im ersten Stock, der «noblen Etage», angelangt. Dort liegt der Empfangssaal, der – ebenfalls mit Balkendecke – mit den schönsten Möbeln des Schlosses ausgestattet ist. So mit einem Sakristeischrank aus Spanien samt venezianischen Gefäßen, elegant ornamentierten Tischen, Ledersesseln, einem elitär wirkenden Sofa, hölzerner Wäschepresse aus dem 16. Jahrhundert und bretonischer Wäschetruhe. An den sonnengelb bemalten Wänden hängen wertvolle Gemälde aus der italienischen Schule des 15. und 16. Jahrhunderts – eines davon aus dem Atelier Leonardo da Vincis – über dem Sofa ein Wandteppich und gegenüber ein Renaissance-Medaillon aus Terrakotta. Es stellt den anmutigen Tanz der drei Grazien dar und ist so plastisch modelliert, daß man sogar die Schatten der Tänzerinnen sieht.

Doch am erstaunlichsten sind Kamin und Boden. Über einem Blitze schleudernden Wotan zwischen korinthischen Säulen erheben sich im oberen Teil des Kamins fremdartige Wesen. Sie haben den starren Körper schlanker Amphoren, den Klauenfuß von Raubtieren und das bekränzte Haupt von Königen. Ihre Bedeutung ist bis heute nicht geklärt. Man nimmt an, daß sie im 16. Jahrhundert unter dem Eindruck der Eroberung Perus entstanden.

Der Fuß geht über kleine herbstfarbene Tonfliesen, bäuerlich und herrschaftlich zugleich. Auch sie haben sich aus dem Renaissancejahrhundert in unsere Zeit hinübergerettet. Laurent-Vibert nahm sie als Vorbild und ließ ähnliche Fliesen für andere Schloßräume in Apt nacharbeiten.

Während wir durch weitere Zimmer gehen – das notarielle Archiv von Lourmarin, Lauris und Cucuron (1495 - 1820) mit den zerfallenden bleichen Buchseiten, das Musik- und Spielzimmer im zweiten Stock mit den von den Stipendiaten benutzten Klavieren und chinesischen Saiteninstrumenten und das Malatelier mit Gemälden, fotografischen und bildhauerischen Arbeiten der Künstler, die Gäste im Schloß waren – denken wir darüber nach, was uns an all den Räumen so in Stimmung versetzt.

Ist es die Architektur der Säle, die sich zwischen Ton und Holz entfaltet, von lichten, sich im Hintergrund haltenden Wänden begrenzt, von Fenstern in raumhohen Nischen beleuchtet und auf einen gewaltigen Kamin hin ausgerichtet? Oder ist es eher die strenge, wählerische Komposition aus stolzen spanischen Möbeln und ländlichen, einfacheren aus der Provence? Alle aus dem 16. oder 17. Jahrhundert; die französischen im Louis XIII-, XV- oder XVI-Stil. Und auf dem stilreinen jahrhundertealten Mobiliar – sorgsam placiert – Werke unserer Zeit, von den Stipendiaten gestaltet.

Man atmet die Großzügigkeit der Räume; sie lassen ruhig und sensibel werden. Wie lange ihr neuer Architekt schon tot ist! Laurent-Vibert starb

1925, kurz nach der Renovierung, bei einem Autounfall. Er war 43 Jahre alt.

Journalisten verbanden seinen Tod (indirekt) mit dem letzten Zimmer, das sich uns auftut. Es ist das sogenannte Zigeunerzimmer im zweiten Stock des Westturms. Denn ein großflächiges Sgraffito an der Wand, wie von der ausdrucksstarken Kritzelhand eines Kindes, erinnert an die sporadischen Besuche der Zigeuner im Schloß. Bis zur Renovierung, etwa hundert Jahre lang, hatten sie in der verlassenen Ruine gehaust, wenn sie unterwegs waren zur Zigeunerwallfahrt in die Camargue. (Die Barke der heiligen Marien ist auf der Zeichnung deutlich zu erkennen). Doch als Laurent-Vibert das Schloß zu einer geistigen Begegnungsstätte machte, gab es keinen Platz mehr für das fahrende Volk. Eine alte Zigeunerin soll ihm zugerufen haben: «Sie können uns davonjagen, aber einen Nutzen werden Sie davon nicht haben!»

Auch Albert Camus kam bei einem Autounfall in der Nähe von Lourmarin 1960 ums Leben. Wir können sein Haus sehen, als wir vom Musikzimmer aus auf das Dorf schauen, durch ein Fensterglas, das der Landschaft die Schärfe der Linien nimmt und sie zum Gemälde werden läßt. In diesem Haus verbrachte der Schriftsteller und Nobelpreisträger nur wenige Ferienmonate. Doch seine Frau war oft hier, bis sie 1979 starb; und auch heute noch ist es im Privatbesitz der Familie. Jeder kann das Grab Camus' besuchen. Es liegt auf dem kleinen katholisch-protestantischen Friedhof, den man auch vom Schloß aus sieht, im linken Teil, dem katholischen, neben Zypressen.

Wir steigen jetzt die Turmtreppe noch weiter hinauf. Durch ihre Wendelung bildet sie ein Dach, das sich von Stufe zu Stufe strahlend entfaltet. Ruhepunkte in der kreisenden Aufwärtsbewegung sind die Ornamentskulpturen in den Winkeln des Turms. Schließlich gipfelt die Treppe dort, wo sie endet: als schlanke Säule, die eine domartige Kuppel über sich ausbreitet und trägt.

Wir steigen wieder hinunter und erreichen über die Terrasse den sechseckigen Turm aus dem Mittelalter. Seine Treppe führt zur unteren Holzgalerie, so daß wir jetzt den Burghof von oben betrachten können. Aus der schattigen Tiefe wächst ein Zürgelbaum herauf. Da die Galerien die Flure ersetzen, liegt hier Tür neben Tür. Wir bemühen uns, das Dunkel hinter den Scheiben zu durchdringen, und entdecken Schlafzimmer und Bibliotheksräume. Hier halten sich im Sommer hauptsächlich die Stipendiaten auf.

Die Treppe klettert über die so exzentrisch wirkende Turmausbuchtung auf die zinnenbewehrte Plattform. Die Brüstung ist so hoch, daß wir vollständig Deckung finden und doch weit ins Land schauen können. Im

Gegenlicht der späten Sonne staffeln sich, in feinen Schattierungen, die Hügel. Eingestreut in das immer grauer werdende Grün der Felder und Wälder reihenweise die spitzen Konturen der Zypressen. Im Vordergrund die silbrig-grünen Kronen der Olivenbäume, die sich von hier oben wie kugelige Büschel ausnehmen.

Wir verlassen die Burg und stehen zum Schluß auf der unteren Terrasse. Die kleine Nymphe liegt jetzt ganz nah vor uns. Wie gewagt, so am Rand des Beckens zu träumen! Fast eine Herausforderung, ihr einen Stups zu geben. Aber da ist ja noch der steinerne Kopf Laurent-Viberts an der Terrassenwand. Und seine Worte: «... den Geist und die Kunst des Landes zu bewahren und weiterzuentwickeln.»

Bonnieux

Nach Lourmarin durchschneidet die Bergschlucht den 1100 m hohen Lubéron. Steil aufragende Felswände nähern sich einengend der Straße und zwingen sie zu unablässigen Windungen. Hie und da in der Einöde ein Haus, verlassen und düster.
Die Straße schwingt sich höher und höher; bis nach der höchsten Kehre bald ein Dorf auftaucht. Als hätte ein Baumeister mit weitem Horizont Terrassen um den Berg gezogen, und dann mit spielerischer Hand Häuser darüber hingestreut, diese schließlich aufgerichtet und eng zusammengerückt – um der Einsamkeit keinen Raum zu lassen.
Wir gelangen auf eine mittlere Terrasse. Wir steigen aus und streifen kreuz und quer durch das Lubérondorf, das uns immer wieder zum Hinaufklettern oder Hinabsteigen verlockt. Durch enge mittelalterliche Gassen, bei denen ein Durchschlupf fragwürdig scheint, über verwitterte Treppen, denen man nicht recht trauen will. In uraltem Gemäuer entdecken wir Haustore, die wie kostbare Türen von Bauernschränken wirken. Mit phantasievollen Türklopfern – eine Hand, ein Tier – darüber noch Laternen wie in der guten alten Zeit. Manchmal sind Ornamente in den Stein gemeißelt, sie zeugen von hochherrschaftlicher Vergangenheit. Da drüben lockt ein in den Fels gebautes Restaurant! Ein Brunnen plätschert; Katzenschönheiten kommen uns geschmeidig entgegen, liegen faul auf Fenstersimsen und Autodächern. Doch vor allem beglücken die unzähligen, vielfarbigen Blumen – auf Veranden, in hochgelegenen Gärten, unter offenen Toren hängend und Hauseingänge schmückend. Und die Lauben, in denen jetzt noch, im Oktober, weiße Gartenmöbel leuchten.
Immer wieder bleiben wir stehen, um hinaus zu schauen auf das Tal des Coulon, das Plateau von Vaucluse, die roten Ockerfelsen von Roussillon und den fernen, fast 2000 m hohen Mont Ventoux, den letzten Ausläufer der Alpen. Verwundert blicken wir auf ein graues Dorf jenseits des Tales, das an den Hang geklebt scheint; mit seiner Burgruine der einzige düstere Fleck in der Landschaft. Ringsum begrünte Hänge, sanft schwingende bläuliche Bergketten, tiefblauer Himmel und die herbstlich verzauberten rotbraunen Weinberge.
Eine schmale, abgenutzte Treppe führt an einer afrikanischen Galerie vorbei und dem vor sich hin träumenden Rathaus. Im versonnenen In-

nenhof spielen drei Mädchen. Der letzte Treppenabsatz bringt uns auf die höchste Ebene des Dorfs: zur alten Kirche, die von den Tempelrittern im 12. Jahrhundert begonnen und im 15. vollendet wurde. Heute umwachsen von üppiger Natur.
 An die Kirchmauer gekrallt ein Efeuknäuel. Sein dichtes Laub verdeckt eine Nische und hüllt sie ein in Immergrün. Die Kirche fast berührend, drei wuchtige Zedern. Gemeinsam formen sie ein vollkommenes Dach, ohne sich gegenseitig an der Entfaltung zu hindern. Halb versteckt ein Hain mit Zierzypressen. Wir setzen uns darin auf eine Steinbank.
 Sind wir mitten in einem Ort, an dem sich einmal seltsam verschlungene Geschichten zutrugen? Wir stehen auf, klinken an der Kirchentür. Verschlossen. Weiter zieht es uns zu einem Hügel, auf dem sich ein Kreuz erhebt. Überragt von Pinien, die einen gläsernen Himmel tragen.
 Der Blick auf die Ziegeldächer – bunt wie der Herbst – stimmt heiter. In den Gassen ist es noch immer ruhig. Obwohl, wie an jedem Samstag nachmittag, die Läden geöffnet sind. Nirgendwo Kinder. Dabei müssen sie schon mittags die Schule verlassen haben. Eine Tür öffnet sich, eine Frau mit abwesendem Gesicht schüttet Wasser in die Gosse. Ab und zu kommt ein Auto vorbei; dann müssen wir uns an die Hauswand drücken. Zuweilen klafft ein Durchbruch oder offener Keller zwischen den Häusern auf; man blickt auf verließartige Ausschachtungen, deren Rückwand der feuchte Fels ist. Hier, wo sich heute Abfall auftürmt, waren früher Oliven- und Weinpressen aufgestellt, als die Häuser noch alle bewohnt waren. Jetzt finden wir immer wieder das Schild «Haus zu verkaufen». Als wir stehenblieben, um hinter einem hochherrschaftlichen Balkon den Salon zu erahnen, fragt uns ein Mann, ob wir das Haus kaufen wollen. Verwirrt wehren wir ab.
 Aber wir entdecken auch Gebäude mit großen Atelierfenstern, Glastüren und künstlerisch gestaltetem Innenraum. Oft lädt ein Schild zu «freiem Eintritt» ein. Tür an Tür mit ärmlichen Behausungen, die sich über die seltsame Nachbarschaft wundern. In sich gekehrt drei uralte verschrumpelte Menschlein, die in einem dunklen Hof beieinandersitzen.
 Immer weiter kommen wir hinab; vorbei an einem Hotel, das früher Hospital war, vorbei an der neueren Kirche (19. Jahrhundert), ohne uns die berühmten Passionsbilder aus dem 16. Jahrhundert anzuschauen. Vorbei an einem mittelalterlichen Waschhaus, an Resten von Befestigungsmauern und einer kasernenartigen Schule. Und wieder sehen wir keine Kinder; nur Katzen.
 Von der untersten Ebene aus bilden die Häuser ein geschwungenes Dreieck. Ganz oben die alte Kirche, deren Dach die Spitze formt. Sie

Bonnieux

Lacoste Schloßruine

betont den Charakter des Himmelstürmenden, Hoffnungsfrohen, den Bonnieux sicherlich einmal ausstrahlte.

Wir treten in eine Boutique ein, aus der transzendentale Musik erklingt, und kaufen Karten und duftende Lavendelkerzen. Im Gespräch mit der Verkäuferin erfahren wir, daß im Dorf hauptsächlich Künstler – «Wilde und Mondäne» – und alte Leute wohnen. Für die Jugend sei es nicht leicht, Arbeit zu finden. Von Ende Juni bis Mitte September werde der Ort von reichen Leuten überschwemmt, die hier ihre Sommerresidenz haben. Und natürlich wenig daran interessiert seien, daß Bonnieux, das schon zur Steinzeit bewohnt und später von einer Römerstraße berührt wurde, zu neuem Leben erwacht.

Auf unserem Weg kommen wir an einem Gärtchen vorbei. Ein sterbender Hund schaut uns an. Sein Herz klopft mühsam. Zwischen den Zaunlatten eine Katze, die ihn anstarrt, hypnotisiert.

Lacoste

Wir fahren in Richtung Ménerbes. Immer näher rückt jenes graue Dorf, das uns wegen seiner Düsterkeit aufgefallen war. Die Burgruine sieht nicht so aus, als habe nur die Zeit an ihr geschliffen. Sie hat nichts sanft Verfallenes an sich. Dieses Gebilde wirkt, als sei es zerschossen oder auf andere Weise mutwillig zerstört worden. Da kommt uns der Gedanke: Das muß Lacoste, das muß die Burg des berühmt-berüchtigten Marquis de Sade sein!

Der Weg steigt an, die Häuser verschwinden; die Ruine steht allein und drohend im Licht. Zwei Hunde schießen aus einem Gehöft und verfolgen uns, wild bellend wie Höllenhunde. Wir tauchen ein in einen Wald. Auch das Schloß ist verschwunden. Doch nach ein paar Kehren erreichen wir das Dorf. Wir machen uns zu Fuß auf den Weg. Mittelalterliche Enge, keine Blumen, keine Lauben; nur Feigenbäume und Büsche mit rabenschwarzen Beeren.

Vorbei am provenzalischen Glockenturm mit der Glocke im schmiedeeisernen Käfig nähern wir uns der Ruine. Ihre Fragmente hängen auf eigenartige Weise zusammen: Gen Himmel ragen verschieden hohe, verschieden gezackte Trümmer. Sie wirken wie stehengebliebene Scherben. Ein Teil der Rückwand scheint neu eingesetzt, um das Innere hermetisch abzuriegeln. Kein Neugieriger kann eindringen. Die leeren Höhlen der Renaissancefenster liegen zu hoch, als daß man durch sie hineinschauen könnte. Es ist, als wollten die Mauern ein Geheimnis verbergen.

Im 18. Jahrhundert lagen hinter diesen Mauern 42 prächtige Zimmer, die mit kostbaren Möbeln, Bildern und Teppichen ausgestattet waren. Und der Turm soll Schauplatz jener sexuellen Experimente gewesen sein, für die Sade Prostituierte aus Marseille kommen ließ, da ihm die hörige Ehefrau und gefügige Mägde nicht genügten. Noch bevor der «Täter» in einer Irrenanstalt endete, wurde der Tatort – es war Revolutionszeit – an einen Exmarquis verkauft. Dieser starb, nachdem er in ein Regierungskomplott verwickelt und deportiert worden war. Nun versteigerte man das Schloß; niemand wollte es haben. Schließlich erstand es der Hausmeister, der es demolierte, um die Materialien zu verkaufen.

Dornengestrüpp überwucherte die Reste, versteckte Geheimgänge und dunkle Säle, bis ein Englischlehrer aus Apt namens Bouer die umwitterte Burg erwarb, um sie wieder aufzubauen. Wie zu Lebzeiten Sades sollte sie schattenwerfend im Licht stehen. Doch bis jetzt sind nur die Mauern freigelegt, die zusammen mit den neu eingezogenen Wänden einen undurchdringlichen Wall bilden.

Eine unfertige Ruine. Der Burggraben zwischen den Fundamenten und dem hochliegenden Plateau erscheint wie eine hundertjährige Baugrube. Hoch über unseren Köpfen springt ein eiserner Steg zum Hintereingang. Die Geländerpfosten sind nach unten verlängert und dolchartig angespitzt. Von der Tür über dem Abgrund dringen Geräusche herunter. Wir schauen nach oben. Niemand kommt heraus. Wir beeilen uns, dem dämmrigen Graben zu entkommen. Auf der Nordseite entläßt uns die künstliche Schlucht. Sie endet als Böschung in einem Trümmergarten. Auf einem Trampelpfad durch Büschelgras steigen wir zum Plateau hinauf.

Die nagelbeschlagene Holztür jenseits der Kluft übt eine geheimnisvolle Anziehung aus. Eine Handbreit Luft zwischen Tor und Schwelle bietet vielleicht die einzige Möglichkeit, in den Innenhof zu spähen. Auf den verrosteten Eisenträgern klappern die Bretter, als wir die ersten Schritte wagen. Die Augen auf den Spalt unter der Tür geheftet, erschrecken wir: Zwei schwarze Stiefel sind lautlos in den Ausschnitt getreten. Jemand macht sich an der Tür zu schaffen. Wir kehren hastig um. Festen Boden unter den Füßen, warten wir auf das, was da kommt. Nichts kommt. Die Füße verschwinden wieder.

Wir sprechen über diesen in Paris geborenen Marquis de Sade (1740-1814), der sich selbst als unbeherrscht und zügellos beschrieb und seiner entarteten Phantasie rühmte. Seine Motive waren weder Rache noch Haß. Seine Schwiegereltern rettete er vor dem Schafott, obwohl sie ihn ins Gefängnis gebracht hatten ... In die Literaturgeschichte ist er wohl nicht wegen seiner entarteten Triebhaftigkeit eingegangen, sondern wegen des Talents, das er in seinen Romanen unter Beweis stellte, und – in einem Zeitalter, in dem die überlieferten Wertvorstellungen zusammenbrachen – wegen seiner pauschalen Revolte gegen jede Gesellschaftsordnung und jeden Gottesglauben.

Ist es nicht so, daß ein Ort den Geist seiner Bewohner bewahrt? Nichts geht verloren. Wir weichen vor der Burg zurück, weichen ihr aus und irren ziellos auf dem Plateau umher, das von Brandgeruch und Abfällen erfüllt ist.

Eine Frau, neben sich einen Schäferhund, kommt uns langsam entgegen. Da bietet sich rechts ein eigentümlicher Anblick: Aus Beton, mit dicken Eisenstäben vergittert, steht eine Art Käfig in einer frisch geschlagenen Schneise. Das Gehäuse hat keinen Boden, und man sieht tief hinunter. Als wir uns daran vorbeigezwängt haben, tut sich plötzlich eine unterirdische Welt auf. Hallen und Überhänge tief im Boden. Wie von einer Riesenhand herausgesägt. Ein Steinbruch. Über gewaltige Durchbrüche spannen sich grün bedeckte Dächer und Brücken. Dieses Labyrinth muß auch Zugänge haben. Auf den Weg zurückgekehrt, halten wir danach Ausschau.

Da entdecken wir zwischen den Büschen ein Gesicht. Starr schaut es uns an. Es ist das der Frau, die wir fast vergessen hatten . . . Da zweigt der Weg auch schon nach unten ab. Hohe Büsche und niedrige Bäume säumen die Böschung. Allmählich wird es dämmrig. Hinter einer Biegung stehen wir mit einem Mal vor den künstlichen Riesenhöhlen. Haushohe Tore aus turmdicken Säulen gliedern die Räume. Über uns ein kantiger Quersteg. Der Schnitt im Stein wirkt frisch. Eine andere Brücke trägt eine uralte Steinmauer. Vor uns große milchighelle Wasserpfützen – Zementwasser.

Wir wollen gerade um eine Ecke gehen, als von dort her ein dumpfer Schlag ertönt. Ein Motor heult auf. Eine Limousine kommt von irgendwoher und entschwindet irgendwohin . . .

Auf dem Weg ins Dorf hinunter begegnen uns zwei Mädchen. Sie singen ein englisches Lied. Ein Mann pfeift. Aus einem Atelier klingen Hammerschläge und Stimmen. Die Menschen grüßen, die da im Licht der behaglichen Laternen Gestalt annehmen. An eine Hauswand gelehnt ein junger Mann, den Skizzenblock in der Hand... Halbfertige Steinfiguren in einem Hof. Die hockende Skulptur einer Frau; der Körper strotzend von Kraft und Sinnlichkeit. In einem verschwiegenen Garten Figuren ganz anderer Art; halb liegend, streng, wie aus anderer Zeit, anderer Kultur.

Wo wir auch stehen, wenn wir ins Tal hinaus schauen – der Blick fällt auf Bonnieux. Wie ähnlich sich beide Dörfer sind! In Terrassen angelegt, von schmalen Gassen durchzogen; heute gezeichnet von Gerümpel in verlassenen Räumen und geschlossenen Fensterläden in Zweithäusern.

In einer Bar, an deren Tür Foto-, Zeichen- und Kinoclub angeschlagen sind, sitzen Männer beisammen. Wir treten ein und bestellen einen Pastis. Natürlich kennt jeder jeden, in diesem Dorf mit 90 Einwohnern im Winter. Die Bauern gehen am Morgen durch die Gassen und verkaufen ihr Gemüse. Die Maurer kümmern sich um die Häuser und die Künstler um die Kunst. Sonst gibt es nur noch Alte und Kinder im Dorf. Doch außer dem Kindergarten, den Clubs und der Bibliothek sorgt eine amerikanische Kunstschule für Leben in Lacoste.

Man kann sich nicht aus dem Weg gehen. Aber man könnte jederzeit an eine Tür klopfen!

Später schauen wir verstohlen durch die Fenster. Die Zimmer sind einfach, strahlen aber Wärme aus. Es fällt uns schwer, nicht den Türklopfer zu bewegen . . .

Die Kirche von Grambois

Hinter uns schließt sich das schwere Tor. Wir sind allein in der Kirche St. Pankraz von Grambois, einem Dorf, das gleich einer Krone auf seinem Felsenhügel thront. Durch die getönten Oberlichter fällt gelbe Dämmerung in den Raum. An der Wand hinter dem Altar ein Gekreuzigter ohne Kreuz. Da das Leidensgerüst fehlt, wirken die Glieder nicht mehr schmerzlich verzerrt; es ist nun das Emporschweben eines von Erdenschwere Befreiten.

Wir sprechen darüber, ob nur von diesem «kreuzlosen Torso», dem Losgelösten, Hoffnung ausgeht. Oder auch von den beiden Gestalten im rechten Seitenschiff. Es sind bemalte und vergoldete Holzfiguren aus dem 17. Jahrhundert: Josef und Maria. Sie stehen jeder für sich, und doch ist eine Beziehung spürbar. Denn beide tragen das Kind. Es ist ganz bei der Mutter und ganz beim Vater. Wie eigenartig, durch die zweifache Darstellung desselben Kindes die Familienbande sichtbar zu machen!

Eine Generation zurück geht Mignard in seinem Gemälde «Die Erziehung Mariens»; wir entdecken es in einer Seitenkapelle. Die kleine Maria schmiegt sich an die Mutter, die ihr mit liebevoller Geduld das Lesen in der Bibel beibringt. Hinter dem Lehnstuhl steht der Vater und hört anteilnehmend zu. Man spürt die Konzentration, die sich auf das Buch richtet – von ihm ausgeht. Aber auch die Verbundenheit der drei, verbunden in dieser Stunde durch ein geistiges Band.

Als wir an dem Bild vorbeigehen, verändert direkter Lichteinfall die Darstellung. Haben sich die Personen bewegt? Wie erfinderisch das Spiel des Lichtes sein kann!

Eine Stufe erhöht liegt die kleine Taufkapelle. Die Torflügel der schmiedeeisernen Balustrade stehen weit offen. Dahinter der steinerne Kelch des Taufbeckens, ein halbes Jahrtausend alt. Die Menschen, die sich hier versammelten, konnten auf den ersten Täufer schauen. Denn sein Leben ist großflächig, wie auf einer Altarwand, mit Eierfarben auf Goldblatt gemalt, wie es ein Künstler sah im 16. Jahrhundert. Es war damals üblich, die Lebensstationen aus ihrem zeitlichen und räumlichen Zusammenhang zu lösen, um sie ihrer Bedeutung gemäß neu zu ordnen. So erscheint, als träte er durch eine Tür in den Raum, Johannes der Täufer in der Mitte des Triptychons. Auf den Seitenflügeln, die waagrecht unterteilt sind, leuchten Vergangenheit und Zukunft auf, vom Künstler mit eigenem Sinn zusammengestellt. So in einem Bildfeld der Besuch Marias bei Elisabeth und – im Hintergrund – die Geburt des Johannes; auf einem anderen das Gastmahl bei Herodes mit dem abgeschlagenen Kopf des Täufers und – in der Tiefe des Bildes – die Enthauptung.

Damit der Betrachter sich nicht verliert in der Vielfalt der Eindrücke, nicht fehlgeht in deren Deutung, wurden den Menschen auf den Bildern manchmal Hunde beigesellt. Ihr Verhalten drückte den Charakter ihrer Herren aus. War ein Mensch gut, lag der Hund friedlich schlafend neben ihm. War er böse, so nagte ihm zu Füßen das Tier an einem Knochen. Auf diesem Triptychon, über dessen Urheber sich Fachleute nicht einig sind – sicher ist nur, daß es ein Maler war aus der gotischen Schule zu Aix, 1519 – raufen sich zwei Hunde um einen Brocken. Der unbekannte Künstler wollte damit die zweifache Bosheit von Herodes und Salome zum Ausdruck bringen.

Von der Goldhinterfüllung des Bildes geht ein Leuchten aus, in der fensterlosen Nische ein geheimnisvolles Licht.

Dennoch öffnen wir die Kirchentür, um die Gegenwart einzulassen. Dann setzen wir uns auf eine Bank und nehmen das Plätschern des Brunnens wahr draußen auf dem Dorfplatz. In der Apsiswand ein modernes Glasfenster. Man sieht im Blau eine strahlendurchzogene Gestalt oder einen Baum, durchdrungen von roten, violetten und grünen Lebenslinien. Wieviele Jahrhunderte an dieser Kirche bauten! Das Hauptschiff mit den schlichten Pfeilern und dem klaren Kreuzbogengewölbe stammt aus dem 12. Jahrhundert, stürzte jedoch 1708 bei einem Erdbeben ein. Man rekonstruierte ein Jahr später im Stil des Mittelalters. Zwei zierliche Säulenpaare mit verschiedenen Kapitellen sind in die vordersten Pfeiler eingefügt, sie erinnern an die römische Vergangenheit. Da sie das Gewölbe mittragen, nehmen sie ihm durch ihre Zierlichkeit etwas von seiner Schwere. Die Seitenschiffe kamen im 14. Jahrhundert und die Seitenkapellen im 15. hinzu. Nur noch erahnen lassen sich die Fresken aus den Anfängen des Gotteshauses. Man entdeckte sie unter üppigen Dekorationen des letzten Jahrhunderts, als man in den fünfziger Jahren die Kirche restaurierte.

War es Zufall oder Absicht, daß man den Verputz nicht restlos abschlug, so daß er sich mit dem Stein darunter zu einer verwitterten Oberfläche verband? Wir fühlen uns an die erdverwandten provenzalischen Häuser erinnert, an Felswände, die Wind und Wetter ausgesetzt sind; sogar an den winterlichen Acker im Weinberg.

Welche Überredung von diesem Raum ausgeht! Die Werke der verschiedenen Epochen beeinflussen seine Atmosphäre, wie verschiedene

Menschen, die sich an einem Ort begegnen. Hier stören sie einander nicht. Sie haben Raum um sich, den ihnen gemäßen Raum, und können so ihr Kraftfeld wirken lassen. Waren die Franziskaner, die heute noch Wand an Wand mit dem Gotteshaus wohnen, hier maß-gebend? Mit welcher Einfühlung Gestern und Heute zusammengestellt sind! Zum Beispiel beim Kreuzweg aus Keramikkacheln, der ein uraltes Kruzifix aus Olivenholz umgibt. Aus anderer Zeit, anderem Material; und doch brauchen sie einander. Jede Kachel erzählt knapp von einer Wegspanne, einer Leidensstation, deren letzte die Mitte ist: das Holzkreuz, Generationen zuvor entstanden. Der Schöpfer des Kachelkunstwerkes, Pierre Graille, wohnt in Grambois. Er stellte nicht nur die letzten Stunden dieses außergewöhnlichen Lebens dar, sondern auch seinen Anfang im Stall von Betlehem.

Die Krippe von Grambois

Es gibt in Deutschland viele schöne Weihnachtskrippen. Für alle, die wir bisher sahen, gelten die Worte «Es war einmal». Hier aber, in Grambois, für diese etwa 6 qm große Krippe, will dieses Motto nicht mehr passen. Vielleicht ist es den Leuten im Dorf noch gar nicht aufgegangen, daß sie mit ihrer Weihnachtskrippe eine brennende Menschheitsfrage beantworten: Was wäre, wenn . . . ?
Wenn Christus heute geboren würde? Tumult und Chaos – oder Gleichgültigkeit – wie wären die Reaktionen der heutigen Menschen?
In der Krippe von Grambois findet die Geburt Christi hier und heute statt. Mitten unter den Leuten des Dorfes, inmitten der heimischen Landschaft. Es hat sich herumgesprochen, daß draußen in den Hügeln der Sohn Gottes geboren sein soll. Einer hat es dem anderen gesagt.
Da sind sie auch schon, die Leute von Grambois. Naturgetreu nachgebildet. Jeder in einer anderen Situation von der Nachricht überrascht. Im Hintergrund, im Stall, die heilige Familie. Wo sind die Hirten, wo die Schafe? Was wollen all die Leute da? Der Maler zum Beispiel? Er trägt die Leiter über der Schulter und den Farbkübel in der Hand. Da links zwei Frauen noch im Gespräch. Die eine in der Tracht der Provenzalin mit knöchellangem geblümtem Rock, dem Dreieckstuch über den Schultern und weißem Spitzenhäubchen auf dem Kopf. Wollte sie gerade einkaufen gehen? Sie trägt einen Korb über dem Arm. Ihre Nachbarin wurde wohl in der Küche aufgestört. In der Hand hält sie eine halb gerupfte Gans. Ein scheues Kind versteckt sich in ihren Rockschößen. Dahinter der Zimmermann mit der hier beliebten Schiebermütze. Übrigens tragen alle etwas auf dem Kopf. Wir sehen viele breitkrempige schwarze Hüte und bunte Kopftücher. Der Maurer da war offensichtlich bei der Arbeit, hat er doch noch eine Hand in der Hosentasche und in der anderen die Mörtelkelle. Der Bauer, der nicht mehr weit von der Krippe entfernt steht, hält die Arme verschränkt. Geniert er sich auf diese Art? Nur eine Figur nähert sich mit ausgebreiteten Armen dem Stall.
Niemand scheint es eilig zu haben. Die meisten haben einen ruhigen Ausdruck im faltenreichen Gesicht. In Gedanken sind sie wohl noch ganz bei ihrem Alltag. Der Korbflechter nimmt überhaupt keine Notiz von dem Menschenauflauf. Er sitzt am Fuße eines trocken geschichteten Mäuerchens, in sein Tun vertieft. Auch der Pfarrer scheint noch ganz

mit sich und seiner kleinen Welt beschäftigt. Vielleicht hat er die Nachricht noch gar nicht erhalten.

Uns fällt auf, wie sehr die Landschaft um den Stall herum die Heimat dieser Menschen ist. Bodenwellen und Felsbrocken deuten an, was sich um das Dorf hundertfach wiederfindet: das Gesicht der Hügel der Provence. So vereinzelt wie auf der Krippenbühne stehen die Gehöfte ja heute noch in den Feldern. Vielleicht hat ein provenzalischer Maurer den kleinen Turm da hinten gemauert, so kunstvoll und erdverbunden, wie es die Männer seiner Zunft seit vielen Generationen tun. Auch die Bäume in der Krippe lassen den verkleinerten Maßstab fast vergessen. Wächst nicht die stachelblättrige Kermeseiche draußen am Berg kniehoch ebenso vital wie haushoch? Und da links das tote Olivenbäumchen – das ja nur ein Ästchen ist – scheint Jahrhunderte erlebt zu haben wie seine silbergrau im Hain erstorbenen großen Stammesgenossen.

Nun wundern wir uns nicht mehr, daß man hier in Grambois die Krippenfiguren nach den leibhaftigen Einwohnern modellieren ließ, vom Bildhauer im Dorf. Vielleicht kam der Künstler, Pierre Graille, selbst auf den Gedanken, ein uraltes Brauchtum zu vertiefen.

Überall in der Provence gibt es die «Santons». Das sind die «Heiligen aus dem Volke». Wer mag zum erstenmal den Gedanken umgesetzt haben, daß dem ganz einfachen Menschen etwas Heiliges anhaften kann . . . Heute ist es ein Erwerbszweig von großer Popularität geworden, Santons anzufertigen, die das Urtypische eines Berufs oder Lebensbereichs widerspiegeln. In Geschäften und auf Märkten werden die Figuren in der Größe kleiner Puppen, oft in der Typenvielfalt eines ganzen Dorfes, angeboten.

Doch erst die Idee von Grambois haucht den kunstvollen, aus Terrakotta modellierten und naturgetreu bemalten Figuren das Leben ein, das diese Krippe so wirklich erscheinen läßt. Mit wieviel Liebe die Kostüme geschneidert sind! Sie lassen etwas von der Kontinuität des Lebens ahnen, dem man in der Provence noch begegnen kann.

Wir wenden uns zum Gehen und können uns noch immer nicht lösen von der Frage: Was wäre, wenn . . . ?

Dreikönigstag in Pertuis

Der Dreikönigstag ist in Frankreich ein Werktag. Alle Bäckereien bakken die «galette des rois». Das ist ein ringförmiger Hefekuchen, in dem eine Bohne versteckt ist. Wer sie in geselliger Tafelrunde findet, ist nach alter römischer Tradition zum König gewählt und darf den nächsten «Königsring» stiften. Früher aß man ihn nur am 6. Januar, doch heute ist er für die Provenzalen einen ganzen Monat lang willkommener Anlaß, sich zusammenzufinden. Während die Hausfrau den Kuchen teilt, sitzt das jüngste Kind unter dem Tisch. Es weist die Stücke den einzelnen Mitgliedern der Tischrunde zu. Der König kann sich übrigens eine Königin aussuchen und ihr etwas aus Porzellan schenken.

Den Kuchen aßen wir bei unserer Freundin Mireille, bevor wir nach Pertuis zur Dreikönigsfeier aufbrachen. In der dämmerigen Kirche schimmern die Glasfenster. Nach einer Weile verstummt das Stimmengemurmel. Durch den Mittelgang bewegt sich der Zug der Hirten herein, angeführt von einem bärtigen Mann und einer Frau. Über die Schulter haben beide eine große Trommel gehängt, die sie mit der rechten Hand rhythmisch schlagen. Die linke hält eine winzige Flöte. Vier Finger tanzen über fünf Öffnungen in atemberaubendem Wechsel, während die andere Hand mit dem Trommelstock für Gleichmaß und Stetigkeit sorgt. Dunkelheit und Wärme mischen sich in der Musik. Bergendes Dunkel einer Hirtenhöhle, durchpulst von den Phantasien einer hellen Nacht.

Nun verstummen die provenzalischen Hirtenweisen; ein Chor streut alte Weihnachtslieder in den kerzenbeschienenen Raum. Als sie verklingen, wird der letzte Teil der Weihnachtsgeschichte vorgelesen. Der Pfarrer kommentiert aus der Sicht unserer Zeit. Die Weisen machten sich auf den Weg. Aufgrund eines Versprechens brachen sie auf. Welches Risiko, welches Abenteuer! Sie wußten nicht, was auf sie zukam. Der Weg war lang und von Erwartung erfüllt. Sie kamen nicht mit leeren Händen, sondern brachten Gold, Weihrauch und Myrrhe. Gold für den künftigen König, Weihrauch für den die Erde berührenden Gott, Myrrhe für den Menschen, der irdischen Gesetzen unterstellt ist. Sind wir uns dessen bewußt, daß auch wir auf dem Weg sind? Offen für das Neue, das uns begegnen will? Die Gedanken eines anderen können zum Stern werden. Setzen wir Schritt vor Schritt, sehen wir den Weg und den

Stern! Füllen wir die Hände mit unserem Gold, unserem Weihrauch und unserer Myrrhe!
Es entsteht eine kleine Pause. Räuspern, Husten. In der fast dunklen Kirche setzt die Orgel ein. Leise, einstimmig eine traurige Melodie. Die Töne steigen und fallen, streben langsam einem Höhepunkt zu, sinken zurück, beginnen von neuem, eilen, steigern sich – und enden majestätisch. Als sie ihr Spiel wieder aufnehmen, bricht eine Oktave tiefer eine andere Stimme hervor, gesellt sich zur ersten, begleitet sie auf ihrem Weg durch den Raum. Schimmernde Geigentöne fallen ein, der Stern am Christbaum flammt auf, die Kirche wird immer heller, strahlender beleuchtet! Ja, nun hört man es heraus: Die Weisen sind auf dem Weg. Aus der Tiefe der Zeiten kommen sie; man hört ihre Schritte, die mit jedem neu hinzutretenden Instrument lauter und eindringlicher werden – es ist der Königsmarsch, der jedes Jahr wieder in Pertuis erklingt – pfeilerhaft wachsen die Töne der Trompeten. Die Kirche dröhnt und singt jetzt von hundert Instrumenten, die alle die eine, einzige Melodie spielen, die so traurig begann und in einem strahlenden Dur endet.

Die provenzalischen Musiker trommeln und flöten nun hüpfende Freudenweisen. Stellvertretend singt der Chor «Christus ist geboren». Weihnachtslieder erklingen in der Stunde der Anbetung. Dann kommt die Zeit des Abschieds. Alle Instrumente vereinen sich wieder zum majestätischen Königsmarsch. Während sie aufblühen und nach und nach verstummen, versinken die imaginären Magier im Meer der Zeit. Ihr Schritt verklingt, das Licht verliert an Kraft und Glanz, die eine Orgelstimme durchzieht eine fast dunkle Kirche.

Mirabeau

Die Sonnenstrahlen kränkeln heute, wie so oft im Januar. Dafür triumphiert der Mistral. Er faucht um das Haus, wie wir es noch nie erlebt haben. Man kann sich vor ihm nicht schützen. Wenn man sich abends auszieht, umstreicht er die nackten Beine. Und in den kahlen Zweigen unserer Platanen braust er so, daß man meinen könnte, auf dem weiten Meer in einem Boot zu treiben.

Die Kälte durchdringt uns und dämpft die Erwartungen. Bleiernes Licht betont den Verfall der Häuser, die unter blauem Himmel und sengender Sonne so vital und individuell wirken. Vielleicht heften sich deshalb die Augen hungrig an die Erde, auf dem Weg nach Mirabeau. Dort, wo an Hanglagen entlang der Straße die graue Vegetation aufgerissen ist, fleckt gelbsandige Erde hervor. Wir spüren noch den Wein auf der Zunge, der sich seine Eigenart aus dem durchglühten Boden holte.

In den Weingärten ist die Scholle eher rötlich. Auf ihr tanzen die kronleuchterarmigen Weinstöcke einen urigen Fruchtbarkeitsreigen. Manche wiegen sich ekstatisch verrenkt, andere melodiös schwingend. Ihr graues Kostüm unterstreicht wie eine Fessel die erstarrte Bewegung. In den Feldern vereinzelt Gehöfte. Auch sie erdverwachsen und zeitlos. Wege zweigen wie Fragezeichen von der Landstraße ab, um sich in ihrem weiteren Verlauf der Phantasie zu empfehlen. Dann liegt Mirabeau, über einen langgestreckten Hügel gesiedelt, vor uns. Auf der vorderen Kuppe eine alte standfeste Glockenturmkirche. Die Häuserzeilen drängen sich von dort hinüber und hinauf zum Schloß. Die Kirche bleibt Fremden verschlossen. In den Gassen läßt sich kaum jemand blicken. Der Mistral bläst uns vor sich her und treibt auf einem Weg, der keiner ist, durch tristes Gebüsch zum Kastellschloß hinauf. Von dieser Seite präsentiert sich das alte Gemäuer unwirtlich und tot. Die geschlossenen Fensterläden sind wie Scheunentore, hinter denen die Nacht eingesperrt ist. Vier runde Ecktürme mit Zinnen scheinen über die einzigartige Sicht zu wachen, die sich von dort oben bieten muß.

Wir sind auf dem Plateau angelangt. Hinter der Schloßumfriedung finden wir Zugang zu einem ganz eigentümlichen Park. Denn vom gepflegten Kiesweg lockt es uns plötzlich seitwärts in baumbestandene Freiflächen. Hier hat jahrhundertelang die Verwitterung Felsen zu Platten geebnet und sogar Mulden und Stufen sanft und unauffällig herausmodelliert. Wie kein Gärtner es gestalten könnte, haben sich Gräser und Blumen, Büsche und Bäume am «richtigen» Platz eingefunden. Schritt für Schritt begeben wir uns in einen Freilufttempel.

Am Wege ein steinaltes Kirchlein, ganz sich selbst überlassen. Nachdem wir eine karstige Weide überquert haben, gelangen wir zwischen Büschen wie durch ein Schlupfloch auf einen erhabenen Wandelpfad. Reizvoll die Vorstellung, daß hier vor langer Zeit einmal die Herrschaften aus dem Schlosse flanierten.

«Wahrhaftig, Madame, ich habe Mitleid mit denen, die Mitleid mit mir haben, weil sie mich noch auf dem Lande wissen. Die Gewässer, die Wiesen sehen in der Tat nicht wie im Monat Mai aus. Die Vögel schweigen, die Schwalben kommen so bald nicht zurück, und die Wildgänse ziehen so hoch vorüber, daß sie einen Höfling nicht von einem Ehrenmann unterscheiden könnten. Indessen – wenn schönes Wetter ist – leiht die Einbildungskraft den Feldern mehr, als die Wirklichkeit ihnen wegnimmt. Die Spazierwege sind trocken, alle Verbindungen zwischen den Weihern sind grün. Man beschleunigt den Schritt, ohne zu schwitzen; und das flackernde Kaminfeuer, das Reisig als Grundlage, Kloben als Außenseite und Späne als Dach hat, vertreibt bei der Heimkehr die Feuchtigkeit und ist, wenn ich so sagen darf, mehr wert als die Sonne.»

Hier sprach ein Gewesener über zwei Jahrhunderte hinweg zu uns: der Marquis von Mirabeau (1715-1789), ein Nationalökonom, bekannt geworden durch Abhandlungen, die sich an die damals maßgebliche Schule der Physiokraten anlehnten. Sein Sohn, der Comte de Mirabeau (1749-1791), erlangte auf recht anfechtbare Weise Berühmtheit, indem er sich beim Beginn der Revolution an die Spitze des rebellierenden Bürgertums stellte, insgeheim jedoch im Interesse des Königs handelte, von dem er sich bestechen ließ.

Der Wald beidseits des schönen Weges muß vor Generationen außerordentlich kultiviert gewesen sein. Er übt in seiner adligen Wildheit einen merkwürdigen Zauber aus. Zwischen Steineichen, Ginster und Wacholder verdichtet sich die Ahnung von den vergangenen Geschlechtern beinahe zu sinnlicher Wahrnehmung.

Nach etwa 500 m stoßen wir auf eine Mauer aus handgeschichteten Steinen. Damit bestätigt sich die Vermutung, daß dieser Park einmal von Menschenhand angelegt wurde. Wir überklettern die Mauer an einer Einsturzstelle – und blicken in das Tal der Durance hinunter. Liegt es am scharfen Wind oder am Anblick der vom Fluß aufgerissenen Talsohle, daß uns plötzlich friert? Erst später fällt uns auf, daß der Kanal daneben die Landschaft in eisiger Monotonie durchschneidet.

Wir balancieren ein gutes Stück auf der Mauer und bleiben immer wieder stehen, weil uns ihre skurril gelöcherten Kalksteine begeistern. Auf der Weide vor dem Wald wachsen viele, sogar noch im Winter duftende Kräuter. Im Windschatten eines blühenden Ginsterstrauches bestecken wir den Stein mit den aromatischen Pflanzen. Der Geruch von Thymian und Pinienharz steigt in die Nase.

Die Küstenstraße von Fréjus nach Cannes

Zwei verlockende Wege führen von Fréjus nach Cannes. Ihr gemeinsamer Ausgangspunkt ist die römische Arena von Fréjus. Die eine der beiden Straßen war einst die Via Aurelia; sie durchquert das Esterelgebirge. Doch wir entscheiden uns für die andere Route entlang der Côte d'Azur. Sie verheißt das Schauspiel des anstürmenden Meeres gegen die Steilküste. Wir lassen die alten Römermauern hinter uns, Felsen aus einer anderen Zeit, umbrandet vom Straßenverkehr. An der stolzen Platanenallee, die zum Meer führt, scheint Prachtentfaltung Tradition zu haben. Villen wie protzige Senatoren auf ihren Rängen. Mopedfahrer gebärden sich wie Gladiatoren im Verkehrsgetümmel.

Auf einmal ist die Straße am Golf von Fréjus. Neben dem Asphalt Sandstrand, Brandung und das Blau des Meeres. Im Dunst über dem Wasser verliert sich der Horizont. Der Verkehrsstrom läßt keine Zeit zum Träumen ... Beim Fahren erleben wir, wie Fréjus und St-Raphael entlang der Küste zu einem Luxuskonglomerat verschmelzen. Die Industrie verbannte man ins Hinterland.

Die Sonne blendet. Dennoch strahlen die weißen mondänen Hotelfassaden noch winterliche Kälte aus. Viele Fensterläden sind geschlossen. Die dunkelgrünen Fächer der Riesenpalmen schaufeln den Wind wie Turbinenflügel. Der großzügige Promenadenplatz von St-Raphael liegt zum Meer hin weit geöffnet, als wollte er immerzu aus der Quelle seines Reichtums schöpfen.

Auf dem Weg durch die endlosen Vororte wird der Blick in die blaue Weite versperrt. Hohe Mauern, die schattige Kehrseite verwöhnter Gärten, säumen kilometerlang die Straße, während von links aus luftigen Höhen Balkone, Glasveranden und Terrassen über die Passanten hinwegsehen. Nach vielen Kurven und ständigem Auf und Ab beginnt der Orientierungssinn zu streiken, bis sich mit einem Male zwischen zwei Gärten das Meer ungestüm an die Straße herandrängt. Die Felsenküste, bisher privat versteckt, fordert jetzt von den Bauherren Tribut, denn die Bergflanken, die sich in das tiefe blaue Wasser vorschieben, werden schmaler und steiler.

Als wir um das Cap du Dramont kommen, liegt neben der Straße ein ausgedehntes Plateau. Kaum stehen wir auf dem schuppigen Felsboden, fällt uns böiger Wind an. Schaumgekrönte Wellen, die vom weiten Meer rauschend in die Bucht von Agay hineineilen, machen den Wind sichtbar. Am Fuße der Steilwand große und kleine Trümmerfelsen, die unablässig von der Brandung umtost werden. Unter Wasser ist der Boden glatt und kantig; schiefe Bahnen, von glitschigen Algen bedeckt, weisen in jähe Tiefen hinab.

Die Blicke wandern über das vom Wind gepflügte Wasser. Hinter dem Meereseinschnitt schiebt sich der Gebirgsriegel des Esterel aus dem Landesinnern vor. Dicht an der Küste werfen sich zwei kegelförmige kleine Berge auf. Aus der Entfernung eine Spielzeuglandschaft. Aber eigentlich wirkt es nicht spielerisch, wie die Hänge bis an die Spitze bebaut sind. Besonders bei dem symmetrischen Hügel, der an einen Baukasten erinnert. Rund hundert Villen liegen dort zwischen schmal bemessenem Grün.

Nach der kleinen Pause freuen wir uns auf die Weiterfahrt über den Corniche de l'Esterel entlang der Felsenküste. Zunächst geht es durch Agay, das in der Bucht an einer tiefen Reede liegt. In diesem Ort lebten schon Ligurer, Griechen und Römer. Man fand unter Wasser römische Amphoren, die von einem vor 2000 Jahren versunkenen Schiff stammen. Das blaueste aller europäischen Meere, das türkisblaue Mittelmeer, ist jetzt öfter zu sehen. Gegen seine Farbe – Licht und Wasser verschmelzen – wirken die Gärten auf den kleinen Landzungen wie träumende Oasen.

Auf einmal haben wir Augen für alles, was da grünt und blüht: Wolken von Mimosen feiern ihre berauschende Hoch-Zeit in Gelb. Blühende Mandelbäume lassen vergessen, daß die Sterne noch auf Februar stehen. Die Palmen und Agaven scheinen allerdings bei den herrschenden Temperaturen ein Rätsel. Die üppige Vegetation ist nur durch den besonderen Wärmehaushalt des Mittelmeeres zu erklären. An seiner Oberfläche hängt die Temperatur ja von der Sonneneinstrahlung ab. Aber von 200 m bis 4000 m Meerestiefe soll sie konstant bei 13 Grad Celsius liegen, während die Temperatur des Atlantischen Ozeans von 14 Grad bis 2 Grad Celsius schwanken kann. Die enorme Wassermasse wärmt im Winter und kühlt im Sommer. Durch die starke Verdunstung sind die Wasser auch salzhaltiger als die des Ozeans.

Der Pic du Cap Roux, einer der drei höheren Gipfel des Esterelgebirges, ragt nahe dem Meeresgrund auf. Nun beginnt eine Steilküste, wie man sie kühner nicht erträumen kann. Die Straße ist nicht mehr allein. Bahngleise, die bisher weiter oben durch den grünen Dschungel spurten, teilen sich jetzt das schmale Band über dem Abgrund im Drunter und Drüber mit der Fahrbahn. Wir machen Station in einer kleinen Nische zwischen windgepeitschten Büschen. Bis auf eine einsame Korkeiche abseits der Straße weit und breit kein Baum. Die berüchtigten Feuersbrünste der Côte d'Azur haben die herrlichen Wälder, Pinien und Korkeichen, vernichtet.

Dafür bedecken Maquis, Ginster und Dornengestrüpp die steilen Hänge unter den roten Lavafelsen und verleihen dem Küstengebirge ein unwirtliches Aussehen. Wir setzen uns auf die rindigen Wurzeln des verkrüppelten Baumes, ziehen die frische Luft ein und erleben uns als Alleinbesitzer eines gewaltigen Gebiets. Selbst auf dem weiten Meer kein Schiff. Ein scharfer Wind bläst ins Gesicht; er macht die Gedanken klar und den Blick frei.

Wie hart muß der Stein sein, der da unten der Wühlarbeit des Wassers so lange standhält! Und daß es gerade die Weichheit des nassen Elementes ist, die letztendlich den Sieg über die Härte davonträgt. Wo die Felsen ihre Gürtellinie durch das Wasser haben, werden sie, von ihm umspült, schwärzlich morbide und löchrig wie Schwamm. Besonders die kleineren sind durch Spalten zerklüftet, aus denen es heraufgluckst und spritzt. Das Alter des unter Salzwassergischt ergrauten Lavagesteins übersteigt die Vorstellungskraft. Etwa 300 Millionen Jahre soll das Esterelgebirge schon bestehen. Dennoch leuchtet sein Porphyrgestein in den Gipfelregionen so rot wie frisch gebrannter Ziegel. Nur bis zu 618 m erheben sich die höchsten Gipfel über dem Meer. Doch von unserem Platz aus wirken sie beeindruckend. Die Verwitterung hat die Felsen über den grünen Hängen mit Phantasie skulptiert. Pyramiden, Prismen, Kegel und glockenartige Gebilde täuschen darüber hinweg, was sich vor einer Million Jahren im Mittelmeerraum ereignete: Wo heute das Wasser ruht, lag einmal Land. Bis die spröde Erdkruste entlang der jetzigen Küste brach. Riesige Lebensräume sanken in die Nacht unter dem Meeresspiegel hinab. Das Esterel- und das Maurengebirge, auch Korsika, Sardinien und die Balearen sind noch urzeitliche Erhebungen, die dem Einsturz entgingen. Was ist eine Stunde, ein Jahr im Angesicht von Millionen? Der Wind bläst über das Meer eine hörbare Gänsehaut.

Uns ist kalt geworden und wir fahren weiter. Viele Kurven führen allmählich hinunter, erste Häuser beginnen, über den Klippen Fuß zu fassen. Die Fensterläden sind meist geschlossen. Dauerbewohner wären hier acht Monate lang Gefangene ihrer vier Wände. Es gibt keine Fußwege, und die unübersichtliche Straße bedeutet ständige Gefährdung. Die große Freiheit schenken erst Meer und Sonne im Sommer.

So mancher volle Geldbeutel leistete sich hier unsterbliche Stilblüten. Nie vergessen werden wir den meeresumtobten grauen Felsenkamm, auf dem in Nippesmanier eine lange weiße Steinbrüstung reitet. Weiße Kugellampen auf Schnörkelsäulen sollen diese Geschmacksart auch nachts ins rechte Licht setzen ... In dieser Ferienlandschaft gibt es nur vereinzelte kleinere Hotels und Restaurants. Sie liegen reizvoll über den Felsenbuchten, manchmal mit kleinem Sandstrand.

An einer Haarnadelkurve bei Miramar prangt ein Schild «Villa zu verkaufen». Ein schneller Seitenblick schräg hinunter läßt uns sofort die nächste Haltegelegenheit ansteuern. Aus Natursteinen erbaut ist jenes Haus der Träume. In die Steilwand eingefügt, zweistöckig in provenzalischem Stil, mit luftigen, sonnigen Terrassen. In die unterste und größte Stufe versenkt, das makellose Blau eines Swimmingpools. Und darunter kocht das Meer an den Schroffen. In unmittelbarer Nachbarschaft liegt ein graues, klein in klein verwinkeltes Klösterchen, das über das weite Meer schaut. Auch von ihm fühlen wir uns angezogen. In seinen Mauern würde man Zuflucht finden vor der Wildheit und Schönheit ringsum und in Frieden arbeiten können.

Nach Miramar reißt die Kette der Bebauung nicht mehr ab. Die Grundstücke zwischen Straße und Meer werden flacher und größer. Mit den Abhängen von La Galère beginnt das Esterelgebirge, sich zurückzuziehen. Ab Théoule-sur-Mer geben immer mehr Jachthäfen der Küste eine vornehm sportliche Note.

Schon vor La Napoule-Plage tut sich der gleichnamige Golf auf, an dem sich von Osten her die Hotelsilhouette von Cannes abzeichnet. Lange Sandstrände begleiten nun die Straße. Das feingemahlene Mehl aus Steinen wird von langgezogenen Brechern überschwemmt. Nichts mehr ist zu sehen vom schönen Blau; schmutziggrün färbt sich das Wasser.

Die Stadt Cannes verdankt ihre Entstehung als mondänes Seebad dem zufälligen Urlaubsaufenthalt des Engländers Lord Henry Brougham (1778-1868). Daß dieser Staatsmann wegen der Choleraquarantäne im Jahr 1834 nicht bis Nizza reiste, war ein Glücksfall für Cannes. Zwar blühten damals an der Côte d'Azur unzählige Ferienorte auf; doch die bauliche Gestaltung von Cannes, die der Lord und seine Freunde beeinflußten, mutet heute noch an wie ein ganz großer Wurf. Die Pracht der weißen Hotelpaläste und Appartementhäuser, der makellos grüne Teint des Rasens unter phantastischen Palmen, die farbige Fülle der Blumenrabatten und die weitläufigen Flanier- und Spazierwege zwischen Straße und Strand versetzen in einen rauschartigen Zustand.

Ein Mimosenwald

Wir können uns das nicht vorstellen: einen Wald von Mimosen. So fahren wir nach Mandelieu, um abzubiegen ins Tanneronmassiv. Die Gebirgsstraße schwingt sich von Meereshöhe auf etwa 500 m hinauf. Zu beiden Seiten, kilometerweit, Mimosenbüsche und -bäume; dazwischengesät, Villen und provenzalische Häuser. Wenn das Blütengelb der Mimosen vor einer anderen reinen Farbe leuchtet, steigern sich beide Töne in ihrer Ausdruckskraft; es ist, als würde sich jeder Gegenstand in einen Farbtupfer verwandeln.

Allmählich wird das Gebiet entlang der Paßstraße unwegsamer. Gelb und Grün verdichten sich. Mimosenbäume schützen jetzt vor dem Abgrund. Ihre Stämme sind kräftig wie die unserer Gartenbäume, ihre Kronen blühende Wiesen. Wolkenwiesen, die sich über Hänge und Hügel breiten.

Wir steigen aus, um sie aus der Nähe zu betrachten. An jedem Zweig unzählige winzige Sonnen, aus zarten Staubgefäßen bestehend. Duftige Puderbällchen, zwischen die man die Nase steckt. Ein feiner Duft steigt auf. Mit den Fingerspitzen betasten wir ein Blatt, das einem Tannenzweig ähnelt. Wie weich und dünn es ist!

Auch deshalb verzaubern uns wohl die blühenden Bäume, weil es Winter ist. Seine Kraft ist ja noch ungebrochen. Als wir höher hinaufkommen, liegt sogar Schnee auf den Zweigen, und die verschneiten Pinien, die sich dort den Hang hinaufziehen, erinnern an einen deutschen Weihnachtswald. Aber zwischen ihnen und den Mimosenbäumen, die jetzt in verwischten Pastellfarben blühen, schimmern Meer und Küste herauf. Wir sind doch im Süden, mitten in einem verirrten Frühling.

Myriaden von Sonnen leuchten auch noch zu beiden Seiten der Autobahn zwischen Mandelieu und Fréjus. Sonnen beleben unser Haus, als wir den riesigen Strauß in eine Vase stellen. Nach und nach scheint sich das Wohnzimmer in eine Parfümerie zu verwandeln. Die Wärme wirkt wie das Lösemittel, womit die Blumenindustrie den Duftextrakt aus den Pflanzen zieht.

Leider reagieren die Mimosen auf die Wärme – mimosenhaft: Die duftigen Bällchen vertrocknen. Sie verlieren ihre sonnenhafte Farbe, die zarten Staubgefäße schrumpfen zu winzigen Kügelchen zusammen.

Das Picasso-Museum in Antibes

Wir sind auf dem Weg nach Antibes. Vielleicht können wir Nizza von der anderen Seite der weiten Engelsbucht aus betrachten. Wie die Griechen damals, die an der Stelle im 4. Jahrhundert v. Chr. das kleine Antipolis («die Stadt gebenüber») gründeten. Freilich nicht der Aussicht wegen, sondern als weitere Handelsniederlassung an der Küste, um mit den ligurischen Stämmen Warenaustausch zu betreiben. Vielleicht zieht es uns auch deshalb dorthin, weil Millionen von Blumen gezüchtet werden – Rosen, Nelken, Anemonen.

Es hat geschneit heute morgen. Wir fahren an dem winterlichen Hafen des alten Antibes vorbei, die alte Stadtmauer entlang, die dem kalttosenden Meer die Stirn bietet, auf die wehrhafte alte Burg zu, allen Winden über dem Wasser ausgesetzt. An dem Gefühlssturz ändern auch nichts die zahllosen Kakteen mit den vitalen roten Blütendolden und die malerisch verwinkelten Gassen, die uns auf dem Weg begegnen.

Was zog Picasso an, als er 1946, als Fünfundsechzigjähriger, monatelang in dem Kastell arbeitete? War es die geschichtsträchtige Atmosphäre dieses «Ateliers», das sich über einem ehemaligen römischen Castrum erhebt und von einem romanischen Turm überragt wird? In dem sogar Steine aus dem einstigen griechischen Theater eingebaut sind, das von den Sarazenen zerstört wurde. Fühlte sich der Künstler angeregt durch die Nachbarschaft von Stelen, Altären, Grabmälern und römischen Zisternen, die zum archäologischen Grimaldi-Museum gehören, das hier seit 1925 eingerichtet ist? Oder war es eher die Nähe der Elemente; die Weite des Meeres vor seinem Fenster, das Brausen der Brandung und des Sturmes, der Fischgeruch, der vom Hafen heraufweht? Jedenfalls nahm Picasso das ungewöhnliche Angebot wahr, das zweite Stockwerk der Burg als Atelier zu nutzen. Man hatte es ihm als Dank für eine Zeichnung angeboten.

Da tritt uns der Künstler auch schon entgegen; in einfacher Kleidung und selbstbewußter, lebendiger Haltung. Große Fotografien in einem Saal des Erdgeschosses zeigen ihn beim Malen und Töpfern, ins Schauen vertieft oder sich bei einer Zigarette entspannend. Die großen strahlenden Augen lassen sein Alter vergessen. Er scheint fasziniert von dem, was er sieht; zugleich auch von dem, was in ihm vorgeht. Er hat wie ein Besessener gearbeitet, aber je intensiver er lebte, desto besser gelang ihm die Kunst. Er war fähig, alles, was ihm begegnete, als Stimulanz zu empfinden.

Wir steigen die Treppe hinauf und bleiben vor einem Widderkopf stehen. Er erscheint toter als tot und doch noch vom Leiden des Sterbens gezeichnet. Ein Frauenporträt mit überlangem Hals macht den Unterschied zwischen einer Fotografie und «Handarbeit» bewußt. Durch die leichte Überzeichnung bestimmter Linien steigert sich der Ausdruck des vornehm entäußerten Gesichtes. Am Ende der Treppe der «Minotaurus». Auf zwei im Sprung gespreizten Menschenbeinen sitzt ein vitaler Stierkopf. Dieses Gebilde ist wie die geglückte Vereinigung von Torero und Stier – zwei Wesen, die der Spanier Picasso gleichermaßen bewunderte und liebte.

Während wir durch die Säle gehen und uns den Gemälden, Zeichnungen, Ölbildern und Lithographien aussetzen, staunen wir über die Vielseitigkeit und zugleich Einheitlichkeit der Antibes-Schöpfungen. Manche Striche sind so gekonnt andeutend über das Papier gezogen, daß sie eine lyrische Karikatur ergeben, die auch «zwischen den Linien» lesenswert ist. Andere Darstellungen sind bis ins kleinste realistische Detail ausgeführt; der «Maskentanz» zum Beispiel, bei dem die Körper der Tanzenden und Schauenden plastisch und bis ins einzelne Haar hinein gestaltet sind. Andere Werke wieder ließen sich mit naiv über das Blatt gebreiteten Kinderproduktionen verwechseln, während es auch abstrakte, geometrisch konstruierte Bilder gibt. Hier sind Gegenstände oder Menschen in ihre Elemente zerlegt und leicht verschoben wieder zusammengesetzt, wobei runde und eckige Formen überbetont werden. So bei der «Schlafenden Atlantis». Der Halbkreis der Schultern umgibt ein Dreiecksgesicht; davon abgesetzt die Rundungen der Brüste und, nach vorn gedreht, die des Gesäßes. Trotz der Verschiebungen erkennt man auf den ersten Blick eine weibliche Schläferin und wird «hellsichtig» in bezug auf die so selbstverständlich gewordenen Körperformen. Bei der «Symphonie in Grau» sind die Raumdimensionen eines Stillebens weitgehend aufgelöst, um einer nach anderen Gesetzen durchkonstruierten Ordnung zu weichen. Ebenso werden die Gesetze des Sehens gesprengt, wenn ein Gesicht «sich durchdringt», zugleich frontal und im Profil zu sehen ist. Wie geheimnisvoll und vieldeutig dadurch eine Person wird!

Picasso scheint sich in diesen Monaten ganz dem Einfluß von Antibes hingegeben zu haben, seinem Meer und seinen Mythen. Daher die Fische und Seeigel, die Zentauren, Faune und Nymphen. Nachdenklich oder heiter bedienen die «gehörnten» Gesellen die magische Doppelflöte und lassen sich dann mit den Nymphen auf ein wechselvolles Spiel ein.

Mit welch sparsamen Strichen alle Lebenslagen angedeutet sind – weder Tabu noch Entgleisung. Und immer ist es derselbe Frauentyp, der Picasso in seinen antipolischen Visionen erscheint: die Frau als Blume, mit blumenhaft entfaltetem Oberkörper und stengelartig schmalem Leib. Bauch und Beine gleich einem schlanken Gefäß, aus dem pralle Brüste, lange Haare und Arme wie Flügel aufblühen. Zu dieser Darstellung wurde Picasso von Françoise Gilot inspiriert, mit der er im selben Jahr ein gemeinsames Leben begann.

Vielleicht waren für Picasso Satyre und Nymphen auch ein Symbol des Glücks. Das Glück war ihm nicht suspekt, er hielt es für lebensnotwendig. In diesen Monaten malte er die Lebensfreude – und die Freundschaft, die er für alles um sich herum empfand. Ob Frau, Kaffeekanne oder Seeigel. Freilich machte er dabei Unterschiede. Unter den Tieren bevorzugte er Ziege und Stier.

Vor einer Ziege bleiben wir stehen. Es ist, als würde sie sich in der Wüste verzehren. Ihr Blick ist brennend und klar, ihr Maul entsagend geschlossen. Der hintere Teil des Körpers scheint durchsichtig wie Glas, als überspannte eine hauchdünne Haut den ausgemergelten Leib. Doch dieses Tier scheint sich selbst im Schwinden intensiv und freudig zu erfahren. Der aufrecht getragene Kopf und die beherrscht im Sitzen eingebogenen Glieder unterstreichen den souveränen Ausdruck.

Eine kleine Stierstatue fällt der Idee wegen auf: ein klobiger Körper und seitlich ein winziger kugelförmiger Kopf – als sei der ein unpassendes Anhängsel. Picasso zeigte hier die Überlegenheit der Muskeln und die Schwäche des Geistes. Für ihn war keine Sehweise zu primitiv, keine Ausdrucksform unter seiner Würde. Auch nicht bei den Gefäßen, die in vielen Variationen weibliche Formen aufgreifen und weniger klassische Schönheit als verspielte liebevolle Phantasie ausdrücken.

Immer wieder begann der Künstler etwas Neues! Nachdem er im Dezember vor der Kälte und den Ostwinden geflohen war, zog er sich im nahegelegenen Vallauris – dort befinden sich auch der «Mann mit dem Schaf» und der Zyklus «Krieg und Frieden» – in ein kleines provenzalisches Haus, «La Galloise», zurück. Es liegt oberhalb des Dorfes in den Hügeln. Im Garten Maulbeer- und Zitronenbäume, Lorbeer, Mimosen, Pinien und Agaven. Doch nicht nur der lieblichen Umgebung wegen wählte er diesen Ort. Sondern, weil er 1946, noch vor seinem Antibes-Aufenthalt, das Töpferdorf entdeckt hatte und von den Möglichkeiten des Handwerks fasziniert war. So töpferte er in den folgenden Jahren. Der Fotograf Edward Quinn beobachtete ihn bei der Arbeit:

«Er malte eine corrida auf einen Teller. Er fühlte sich sichtbar wohl beim Arbeiten und ich hatte den Eindruck, daß er die gesamte corrida vor Augen hatte und lediglich auf den weißen Teller Konturen und Farben auftragen mußte. Er malte mit großer Behendigkeit, wechselte oft seine Pinsel, trug breite, schnell gesetzte Striche auf und fügte zarte, präzise Linien hinzu. Zwischendurch machte er Pausen, zündete sich an einer vergessen glimmenden Kippe eine neue Zigarette an, genoß ein paar tiefe Züge und schaute dabei in großer Versunkenheit auf seine Arbeit, so als wolle er kritisch seinen Arbeitsvorgang kontrollieren und dessen Abschluß vorbereiten.»

Die Teller, die 1947/48 in Vallauris entstanden, sind auch in Antibes ausgestellt. Unter jeweils zehn Stücken finden wir etwa zwei bemerkenswert. Es sind vor allem Gesichter, die Picasso hier gestaltet: übermütige und traurige, tierische und menschliche. Und wie in seinen Bildern beherrscht er die Skala vom Zarten bis hin zum Dämonischen.

Als wir das Museum verlassen, ist alles wie verwandelt, verzaubert. Die roten Blüten der Kakteen leuchten, das Fort aus dem 16. Jahrhundert steht prächtig auf seinem einsamen Felsen dort auf der anderen Seite der kleinen Bucht. Wir sind nicht mehr enttäuscht, daß die schlechte Sicht uns Nizza und die verschneiten Alpen entzieht. Das Meer lockt mit seiner Kälte und Wildheit. Wir haben Lust, das Kap von Antibes zu umrunden, die Elemente zu erleben und uns ihnen zu stellen. Und Musik möchten wir machen, herumhüpfen und lachen wie die Wesen auf Picassos Bild «Lebensfreude»!

Les Baux

Wir fahren durch die öde, steinübersäte Ebene der Crau. Bis wir überraschend in die maquis- und pinienüberzogene Kalkfelslandschaft der Alpilles eintauchen. Der Gebirgszug zwischen Avignon und Arles verwundert wegen der Schroffheit und Rauheit seiner Felswände und Bergkämme, die über karstigen Kahlflächen aufragen. Nur 300 bis 400 m hoch, schließen sie nördlich der Ortschaft Maussane ein besonderes Tal ein, reich an Oliven-, Mandelbäumen und Weingärten. Während wir das Tal durchqueren, erscheint im Dunst – gleich einer Insel in den Lüften – ein Felsenberg mit Zinnenkrone. Dort oben soll das alte Les Baux liegen, eine zur Ruine geschlagene Stadt. 1632 ließ sie Richelieu schleifen, weil ihm dieser Zufluchtsort der Protestanten zu stark und gefährlich geworden war.

Die Scherbenkrone auf dem 900 m langen und 200 m breiten Felsenkamm übt eine eigenartige Anziehung aus. Von Witterung und Menschenhand geschliffen, ist sie zugleich Berg und Wohnrest, von welcher Seite man sich ihr auch nähert. Rainer Maria Rilke kam nicht, wie wir, vom Süden her, sondern vom Norden. Was er sah, hielt er 1909 in einem Brief an Lou Andreas Salomé fest:

«Hast du nie von Les Baux gehört? Man kommt von St-Rémy, wo die Provence-Erde lauter Felder von Blumen trägt, und auf einmal schlägt alles in Stein um. Ein völlig unverkleidetes Tal geht auf und, kaum der harte Weg drin ist, schließt es sich hinter ihm zu; schiebt drei Berge vor, schräg hintereinander aufgestemmte Berge, drei Sprungbretter sozusagen, von denen drei letzte Engel mit entsetztem Anlauf abgesprungen sind. Und gegenüber, fern die Himmel eingelegt wie Stein in Stein, heben sich die Ränder der seltsamsten Ansiedlung herauf, und der Weg hier ist so von den immensen Trümmern (man weiß nicht, ob Berg- oder Turmstücken) verlegt und verstürzt, daß man meint, selber auffliegen zu müssen, um in die offene Leere dort oben eine Seele zu tragen. Das ist Les Baux. Das war eine Burg, das waren Häuser um sie, nicht gebaut, in die Kalksteinschichten hineingehöhlt, als wären die Menschen durch eigensinniges Wohnenwollen dort zu Raum gekommen ... »

Freilich hat dieses «eigensinnige Wohnenwollen» seinen Grund. Seit der Jungsteinzeit haben die Menschen den Platz als eine natürliche Festung geschätzt, die bis zum Einsatz von Artillerie nahezu uneinnehmbar war. Von hier aus ließ sich zudem einer der Zugänge zum Mittelmeer überwachen.

In schmalen Kehren führt der Weg bergan, überwindet eine kleine Paßhöhe und erreicht die Parkplätze. Das heute noch bewohnte Dorf ist für den Autoverkehr gesperrt. Durch die Porte Mage, die erst im 19. Jahrhundert angelegt wurde, gelangen wir hinein. Die Hauptgasse, die Grande Rue, ist von noblen Herrenhäusern des 14. bis 17. Jahrhunderts gesäumt. Dazwischen kunstvoll arrangierte Restaurants und Boutiquen. Der Geruch von Crêpes vermischt sich mit provenzalischen Düften, die aus einem Gewürzladen herüberwehen. Zu beiden Seiten der Straße Heiligenfiguren, Ansichtskarten, Antiquitäten, Seidenkleider und bunter Kram, die den Blick verwirren. Aus einer Weggabelung ragt der Bug einer Ruine. Mit seinem Blau füllt der Himmel ein makellos erhaltenes Renaissancefenster. In der Wand die Inschrift «Post tenebras lux, 1571» (nach der Finsternis das Licht). Wir folgen den aufwärtssteigenden Verwinkelungen der einen Gasse, tauchen in die Rue des Fours ein, die ehemalige Straße der Backöfen, und sind jetzt in der Rue du Trencat, einer in die Felsen gehauenen Gasse; Regen und Wind haben Furchen und Rinnen darin gemeißelt.

In diesem «Hohlweg» liegt auch die Pforte zur Ruinenstadt: In dem sogenannten Hôtel de la Tour-de-Brau aus dem 14. Jahrhundert wurde ein archäologisches Museum eingerichtet. Wir lassen uns in den großen Wachsaal mit dem Spitzbogengewölbe ein- und wieder ausschleusen, um zwischen den spärlichen Resten eines ehemaligen Schlosses zu stehen; daneben das mittelalterliche Hospital und die Krankenhauskapelle St. Blasius. Die Mauerreste nahmen wieder die Konturen der Kalkfelsen an. Auch zwischen den zerbröckelnden Wänden Natur: Pflanzen, Wind, ausgetretene Pfade.

Vor uns ein ansteigendes felsiges Hochplateau. Der Wind treibt vorwärts, den Abgründen entgegen. Auf einsamem Posten das Monument des Heimatdichters Charloun Rieu, der im 19. Jahrhundert die Erde von Les Baux besang. Gewiß inspirierten ihn nicht nur die Schönheit und Fruchtbarkeit der Täler, sondern auch die geschichtsumwobenen Felsen- und Ruinenriffe dort oben. «Ein Geschlecht von Adlern, niemals jemandem untertan» (so Frédéric Mistral), hatte sich dort seit dem 10. Jahrhundert niedergelassen und über Generationen eine monumentale Festung erbaut. Diesen habgierigen Feudalherren, die Les Baux von einem Arlesier Erzbischof erhalten hatten, unterstand bald das ganze umliegende Land; hundert Jahre später herrschten sie schon über 79 Ortschaften und gehörten zu den mächtigsten Lehnsherren Südfrankreichs. Sie verstanden es, sich durch Heirat mit den Königshäusern Europas zu ver-

Les Baux

Fontaine de Vaucluse

bünden und so der militärisch günstigen Lage politisches Gewicht hinzuzufügen. Jahrhundertelang kämpften sie in blutigen Kriegen mit den Grafen der Provence, den Statthaltern der französischen Könige, um Macht und Besitz. So kam es, daß sie rückblickend zu Symbolfiguren wurden, zu den Verteidigern der provenzalischen Kultur gegen die erdrückende Macht des Nordens.

Sie führten ihre Abstammung auf Balthasar zurück, einen der drei Weisen, und trugen deshalb den Stern von Bethlehem im Wappenschild. Der sechzehnstrahlige Komet mit glänzendem Silberschweif war auch ein Zeichen für die Kreuzzugsphantasien jener Zeit; gewissermaßen auch Symbol für den kometenhaften Aufstieg der Bauxfamilie.

Die halbe Provence liegt vor uns. Wir sehen bis in die fernen Ebenen der Crau. Im Südwesten, von dem Rhônetal, steigen Wolken auf. Weit unter uns karges Ackerland, Olivenhaine und – vereinzelt – blühende Mandelbäume. Ist Übertreibung dabei, im Februar über nacktem Boden und kahlen Weinstöcken Blüten zu treiben? Sie wecken ein ähnliches Gefühl wie Ballkleider an einem grauen Morgen.

Wir gehen am Rande des Hochplateaus nach Norden, wo sich die Felsenruinen auftürmen. Betrachtet man die Burgreste dort oben in schwindelnder Höhe, die zerrissenen hohläugigen Wände der Zitadelle, dann lassen sogar die Felsen Zweifel aufkommen an ihrer Tragfähigkeit.

Der Eingang zur Ruinenstadt heißt in der Überlieferung «Loch des Windes». Ein riesiges Bollwerk, die «Türe von Auro», verschloß früher diese mehr als 20 m breite zugige Lücke. Ein zerstörtes Königreich des Mittelalters liegt vor uns. Der Eindruck der Zerrissenheit ist so stark, daß wir uns kaum noch orientieren können. Am Ende der Eingangsschneise führt eine steile, ausgetretene Treppe auf den Sarazenenfelsen hinauf. Hier wie an vielen Orten der Provence erinnern Reste von Befestigungsanlagen daran, daß die Bevölkerung immer wieder den Ansturm arabischer Eroberer abwehren mußte, als diese nach der Islamisierung Nordafrika und Spanien unter ihre Herrschaft gebracht hatten. Auf dem Rücken des etwa 10 m hohen und 50 m langen Felsens ruhte einst der Sarazenenturm; jetzt nur noch ein steinerner Balkon. Als wir an die Brüstung treten, haben wir den Eindruck, auf der Brücke eines Ozeandampfers zu stehen, der im Tal von Les Baux strandete, als sich das Meer zurückzog. Der gewaltige Bug des Vorschiffes – in Wirklichkeit des Riffes – steuert gegen Süden. Und noch immer scheint der Wind Wellen über sein Deck zu jagen. Es sind Felsschuppen, die der Mistral aus dem Untergrund heraustrieb.

Zwischen sicheren Geländern gehen wir zurück und in den Trümmerhof des Schlosses hinab. In diesem Steinbruch können wir noch keine

Vorstellung gewinnen von dem ehemaligen Aufbau der gewaltigen Anlage. Vor uns ragt nun die höchste Erhebung von Lex Baux: der Fels, aus dem einst die schreckeneinflößende Zitadelle herauswuchs. Die Steinstufen sind unbequem und steil. Oben, an der gebrochenen Wand, zwängt sich der Steig am Abgrund entlang. Ein Durchbruch in der meterdicken Mauer läßt hinabschauen auf das ausgehöhlte offene Innere. Alle Stockwerke sind herausgeschlagen; ohne Halt steigen die Wände hinab. Die Außenmauern sind doppelwandig gebaut; in den Hohlräumen Kaminschächte und Treppen. Mittelalterliche Bogenfenster mit anmutig schlanken, tiefen Nischen geben den Wänden etwas Hintergründiges. An der Südseite können wir durch solch einen adligen Lichtschlitz hinausschauen in die Weite. Der Wind entfaltet vor dem doppelten Trichter eine unheimliche Sogwirkung. Wolken ziehen vorbei und geben das Gefühl, auf schwankendem Boden zu stehen. Ein Adlerhorst!

Wir denken an die Gefangenen der Baux unter Raymund von Turenne; sie mußten sich dem Abgrund ausliefern. Raymund, den man mit seinen Räubertruppen eine Geißel der Provence genannt hat, soll sich an der Angst der Gefangenen geweidet haben, ehe er sie von den Zinnen der Zitadelle stoßen ließ. Mit dem Tod seiner Nichte endete die Herrschaft derer von Les Baux im 15. Jahrhundert. Der Besitz fiel an den «guten König Réne» und in seiner Folge an den König von Frankreich. Doch blieb Les Baux eine Bastion der Reformierten. Der maréchal de Turenne (1611-1675), ein später Nachfahre, wurde erst von Bossnet für den Katholizismus gewonnen.

Wir blicken auf die sonnigen Dächer des Dorfes hinab. Heute zählt Les Baux nur noch etwa 100 Einwohner. Wir können es uns kaum vorstellen: Im Mittelalter sollen hier mehrere tausend Menschen gelebt haben. Nachdem Richelieu Burg und Stadtmauer hatte zerstören lassen, zogen die meisten fort, um sich in den Ebenen jenseits der Alpilles anzusiedeln. Im Osten und Süden, wo der geschlossene Kreis der Bergkette weit zurückweicht vor Les Baux, fruchtbares, fast menschenleeres Land. Es ist gegliedert durch Gevierte und gezirkelte Reihen spitzer Zypressen, eingefärbt vom rötlichen Ton der Äcker, und die Reihen der Reben auf den Feldern lesen sich jetzt im Winter wie das Kleingedruckte in der Zeitung.

Im Zentrum des Hofes, aus dem sich einst das Schloß erhob, liegen Ruinenreste und Fundamente. Es sieht aus, als hätten Bauarbeiter eine jahrhundertelange Pause eingelegt und bauten demnächst weiter. Wir lassen die Fragmente links liegen und klettern hinunter zur Abzweigung nach Osten. Ein Tor, halb Fels, halb Mauer, schleust uns ein in die Wandschluchten der Zitadelle. Vier turmhohe Mauern, schwer angeschlagen, steigen aus dem Blau herab. Zum Teil sind sie der Fels, zum Teil stützen sie ihn oder reiten auf ihm. Aus etwa zwanzig Räumen ist einer geworden, offen nach oben und Osten. Die Basis, auf der wir stehen, ist wie eine Riesenstufe aus dem Felsenberg herausgehauen. Sie schiebt sich weit hinaus in den leeren Raum, gestützt durch Mauern, die aus dem Tal heraufwachsen. Die Nordwand scheint wie vom Blitz in zwei ungleiche Hälften gespalten. Wer genauer hinsieht, erkennt, daß die scheinbar ältere Hälfte die jüngere ist.

Die Seele von Les Baux offenbart sich auch in der Aufgebrochenheit seiner hohen Burg. Wenn die Strahlen der Morgensonne diesen Thron unter freiem Himmel bescheinen, können die Schatten der Vergangenheit nicht mehr Raum greifen. Vielfältiges Leben hat sich eingenistet und wartet auf den Frühling. Ein Ginsterstrauch wächst unter steinernem Baldachin auf einer Empore. Feigenbäume zwängen sich, der Feuchtigkeit nachspürend, in Spalten, und allerlei Pflanzen auf Simsen und in Ritzen schmücken die Wände. Hoch oben geben dunkle Öffnungen, Mauervorsprünge und bruchstückhafte Konturen der Phantasie Anhaltspunkte.

Wir schlendern zurück und machen einen Abstecher auf den Paravelleturm. Tief unten windet sich die Straße aus dem Höllental herüber, jener Landschaft, die Dante zu seinen Höllenkreisen inspirierte. Zwischen tausend seltsam geformten Alpillefelsen gähnen die schwarzen kantigen Öffnungen der aufgelassenen Bauxitsteinbrüche. Noch bis unter den Bergfried hinein dehnen sich einige der hallengroßen Stollen aus, als wollten sie das Zerstörungswerk Richelieus von unten her fortsetzen.

Entlang dem Bergfried fällt eine Treppe auf, die, in den Felsen gehauen, ein Stück nach oben steigt und dann abbricht. Einige Meter weiter entdecken wir die Fortsetzung, abgestürzt und verschlungen von den Fangarmen eines Sadebaumes. Unter der Bruchstelle eine zimmergroße gelbliche Aushöhlung. Wir klettern hinein und finden am Boden köstlich frischen Sand. Die Wand läßt sich mit dem Finger abbröseln. Noch nie sahen wir es so deutlich: Der ganze Fels besteht aus nichts anderem als winzigen versteinerten Schalentieren. Die Vielfalt des Lebens in Millionen von Jahren kehrt wieder in den vielgestalten Formen der Kalksteinfelsen. Unter einem Überhang sehen wir die Versteinerung einer Muschel, so groß wie zwei Männerhände.

Der Weg durch die Ruinen des Schlosses ist nicht markiert. Man verirrt sich, um zu entdecken. Unterirdische Gewölbe, Verbindungsgänge, Säulenreste weisen auf einen großen Plan hin. Vom Steinmetz glattgefügte Wände sind mit dem Fels gleichsam verschmolzen. Eine Verschneidung von Bogengewölben gegen den Bergfried hin läßt etwas von den Dimensionen jener Säle ahnen.

Auf dem Rückweg setzen wir uns auf einen Pfeilerrest im Schatten des Sarazenenfelsens. Und plötzlich entdecken wir: Wo im Mittelalter einmal Pferdeställe und Lagergebäude standen, wird der Blick entlang der hohen Wände hingeführt auf eine magisch in den Hintergrund gestaffelte Bühne. Schon die erste Rampe, ein trocken geschichtetes Mäuerchen, erhebt eine große Terrasse zur höheren Ebene. Von links schiebt sich ein Ruinenkeil ins Bild, um wie ein Rammbock das Geschehen zu verdichten. Zur nächsten Plattform steigt eine Felsentreppe hinauf, und quer, zum Herabschreiten, läuft eine schräge Bahn. Hinter dieser doppelten Handlungsebene weitere Treppen und steinerne Podeste, als würden von dort herab die Schauspieler auf die Bühne treten.

Südöstlich des Sarazenenturmes verlockt eine breite, in den Stein gehauene Treppe, den Berg ein Stück hinabzusteigen. Beidseits des Steiges wehrhafte Felsennester über dem Abgrund. Doch der Weg wirkt friedlich. Durch eine schmale Pforte, «Loch des Hasen» genannt, geht es hinaus in einen Garten der Helligkeit. Die Stufen betten sich, breit oder schmal, zwischen runde Riesenbrocken. Noch liegen Büschel und Büsche im Winterschlaf zwischen dem Weiß des Gesteins. Es kommt in den Sinn, was Mistral, der Wiederentdecker von Les Baux, in seinem «Calendal» über die zarten Seiten des Bauxgeschlechtes schrieb: «O Prinzessinnen von Baux, Huguette, Sibylle, Blanche-Fleur, Baussette – ihr, die ihr dort oben hattet als Thron goldene Felsen . . . Selbst die Thymiane haben bewahrt den Duft eurer Schritte . . . »

Wir legen uns auf eine von der Sonne gewärmte Platte, um zu betrachten, wie die aufstrebenden Wände den Himmel berühren. Die Zeit vergeht . . .

Der alte Friedhof liegt am Trichter des Regenwasserplateaus, einer abschüssigen gepflasterten Fläche, die in die Dorfzisterne mündet. Ein verschwiegener Pfad führt auf den Zisternenfelsen hoch über dem Kirchplatz. Wir schauen hinunter auf die romanische Kirche des Hl. Vinzenz, die Kapelle der Weißen Büßer und adlige Herrschaftshäuser, die den Platz einrahmen. Zwischen Ulmen und Zürgelbäumen springen Kinder hin und her oder lehnen sich neugierig über die Brüstung, die den Platz vom schönen Abgrund trennt. So sehr uns das schöne Portal anzieht – von unserem Aussichtspunkt führt kein Weg hinunter. Erst nach einem weiten Umweg erschließt sich das Innere von St-Vincent: Gewölbe aus verschiedenen Zeiten, Seitenkapellen, in den Fels gehauen – Stein, viel Stein und wenig Licht.

In einer Seitenkapelle, neben der Weihnachtskrippe, steht ein zu kurz geratener Leiterwagen mit sehr hohen Rädern. Sein Dach aus Korbgeflecht ist wie ein Kreuzrippengewölbe, das seitlich von spitzbogigen Arkaden geziert ist. Die kleine «Wagenkirche» gehört zur berühmten Weihnachtsmesse, die an ein mittelalterliches Mysterienspiel anknüpft.

Wir folgen jetzt der Rue de l'Eglise, die sich bald mit der Grande Rue vereint. Ab und zu versuchen wir eine Seitengasse und geraten in Gerümpelhinterhöfe oder lauschige, vergessene Gäßchen. Wir sehen keine Bäckerei, keine Metzgerei, keine häßliche, aber lebendige Männerbar, keinen Bouleplatz, auf dem die Südfranzosen ihr Sonntagsvergnügen zelebrieren. Dabei ist das Dorf so hübsch, mit seinen vielen Kunstateliers und Boutiquen in alten Adelshäusern. Zu hübsch vielleicht, um ganz echt zu sein . . .

Fontaine de Vaucluse

Wir haben vor, den ahnungsvollen Märzsonntag in einer Fels-Quellen-Einsamkeit zu erleben – in Fontaine de Vaucluse, bei der Quelle der «Vallis clausa».
Das «geschlossene Tal», dem wir uns nähern, sperrt sich mit hohen Felswänden. Der Kalkstein ist verwittert und durch zahllose Höhlen zerklüftet. Vor dem Tal liegt das Dorf. Wir gehen zum Ufer der Sorgue. Das Wasser ist grün, klar, reißend. Es rauscht zwischen Weiden, die ihre lichtgrünen Blattgehänge gleich Lauben über den Fluß breiten.
Wir folgen der Sorgue. Doch dann schirmen uralte Häuser sie ab mit zerbröckelnden Mauern und aufgerissenen Zimmerhöhlen. Nur der stille Flußgarten eines Restaurants läßt sie murmelnd vorüberziehen, belebt von Sonnenkringeln, die übermütig auf dem Wasser tanzen.
Nach einem jähen Straßenknick wieder die Sorgue, und drüben, jenseits der schweren Steinbrücke, welch ein Dorfplatz! Seine Platanen, verwurzelt mit ihm, sind lebendige Säulen, die ihm Größe und Tiefe schenken. Die beige-grau gefleckten Stämme koloßartig – gleich Elefantenkörpern – zu schwergliedrig fast für das zarte Wintergeäst. Aber bald werden die Knospen aufbrechen und grüne Sonnenschirme von neuem das Leben und Treiben auf dem Platz beschatten. Dann ist es gut, daß jene überspannenden Dächer auf starken Stützen ruhen.
Ist er denkbar, ein südfranzösischer Dorfplatz ohne Platanen? Wohl kaum ... Aber nie sahen wir einen solchen, der sich gleichsam um Wasser und Brücke schart, der Wasser und Brücke mit hineinnimmt und zum Mittelpunkt erklärt. Restaurants locken an beiden Seiten des Ufers: einfache und luxuriöse, mit Tischen auf Glasveranden und im Freien. Von allen sieht man auf die herandrängende Sorgue, die sich gerade noch unter dem Brückenbogen durchzwängt und dann ein Wehr hinabstürzt.
Inzwischen sind wir flußaufwärts gegangen und an einem gewaltigen Wasserrad vorbeigekommen; es dreht sich gleichmäßig und ruhig. Von ihm rinnen dünne Wasserfäden gleich Diamantenbändern. Der Weg führt leicht bergan. An drei Seiten steigen jetzt steile Wände auf. Links und rechts sind sie dschungelartig bewachsen – mit Laubbäumen und Büschen, umschlungen von Efeu, Flechten und Lianen und überzogen von Moos. Es geht immer tiefer hinein in das geschlossene Tal, das von

Les Baux

Osterspaziergang

Toben und Brausen erfüllt ist. Die Gewalt der tosend springenden Fluten verwirrt. Von allen Seiten strömen sie, bilden reißende Strudel, stürzen in Wasserfällen über schwarzbemooste Felsbrocken hinab. Bäume stehen überschwemmt und halten dem rasenden Lauf stand. Über den brodelnden Wassern steigt Dampf auf, tränkt Pflanzen und Steine mit Feuchtigkeit.

«Das ist ein Ort – wie für mich geschaffen! Wenn es einmal möglich ist, werde ich ihn großen Städten vorziehen.» Das äußerte Petrarca, als er mit neun Jahren zum erstenmal Fontaine de Vaucluse sah. 1304 in Arezzo geboren, war er als Kind mit seinen Eltern nach Carpentras gezogen, da man seinen Vater, einen Juristen, bei einer Revolution aus Florenz vertrieben hatte. Der Besuch der Quelle sollte zum Schlüsselerlebnis für Petrarca werden.

Das nächste Ereignis, das sein Leben bestimmte, geschah 1327. In der Kirche Ste-Claire von Avignon begegnet er der neunzehnjährigen verheirateten Laura. Die Liebe zu ihr wird ihn ein Leben lang verzehren – und beflügeln! Zwar war es damals modern – im Zeitalter des Minnesangs – eine verheiratete Frau zu verehren. Aber diese Beziehung muß mehr als eine Modeerscheinung gewesen sein. Sie blieb platonisch und über den Tod hinaus lebendig. Laura starb 1348 an der Pest, auf den Tag genau 21 Jahre nach ihrer ersten Begegnung. Doch konnte Petrarca sie nicht vergessen. Bis zu seinem Tod (1374 im Dorf Narqua bei Padua) liebte er sie.

Zehn Jahre nach der schicksalhaften Begegnung zieht sich Petrarca in die Abgeschiedenheit des Vallis clausa zurück. Er hat in Montpellier und Bologna die Rechte, Vergil und Cicero studiert. Jetzt will er der Korruption und Sittenlosigkeit Avignons entfliehen – als Augenzeuge des päpstlichen Hofs sieht er es als «Kloake der Welt» – und wohl auch den Versuchungen seiner Liebe. Von wenigen Unterbrechungen abgesehen, bleibt er in Fontaine de Vaucluse bis 1353. Einkünfte aus einer Pfründe machen das möglich. Er lebt in einem kleinen Haus im Ort, in dem er die Quelle rauschen hört. In seinem Garten pflanzt er unaufhörlich Lorbeerbäume – «lauriers» – weil ihr Name an den der Geliebten erinnert. Doch vor allem schreibt er. Als Historiker und Moralist, als Mystiker und Satiriker verfaßt er Prosaschriften in lateinischer Sprache, die ihn und Fontaine de Vaucluse berühmt machen.

«Die berühmte Quelle der Sorgue, seit langer Zeit bekannt, ist noch berühmter geworden durch meinen langen Aufenthalt und meine Gesänge ... Viele Jahre habe ich ja dort zugebracht, allerdings mit Unterbrechungen, da mich häufig Geschäfte und Schwierigkeiten aller Art abriefen, stets jedoch in so großer Ruhe und so süßem Genuß, daß mir, seitdem ich gelernt habe, was der Menschen Leben ist, fast allein diese Zeit Leben war, der Rest nur Folterqual.»

Wir sind weiter den «klaren, frischen und süßen Wassern» Petrarcas nachgegangen. Plötzlich hört ihre Gewalt auf. Die Quelle liegt vor uns gleich einem tiefen Spiegel. Sie ruht bewegungslos in einem beckenähnlichen Rund. Unbegreiflich, wie aus stillem Grund die Fülle quellen kann, die da hinunterstürzt. Fast glaubt man, am Ende der Welt zu stehen. Hinter dem «Kratersee», dessen klares Wasser sich in ein langes Schaumband verwandelt, ragt senkrecht – nein, überhängend – die Felswand auf. Sie ist 230 m hoch; nackt. Unzugänglich.

Man weiß nicht, was mehr beeindruckt: die rauschende Bewegtheit oder die unbewegte Ruhe des Wassers. Welch ein Gegensatz! In das Rauschen mischt sich helles Vogelgezwitscher. Der Blick wandert vom stillen Wasser die kahle Felswand hinauf. Jetzt erst bemerken wir den Feigenbaum, der sich an sie klammert. Mistral schrieb ein Gedicht über ihn.

Ich sah einmal auf meinem Weg
einen Feigenbaum, an den nackten Fels
der Grotte von Vaucluse geklammert.
Ach so dürr, daß ein Strauch Jasmin
den grauen Eidechsen mehr Schatten gäbe!
Einmal im Jahr plätschert das nahe Wasser
an seine Wurzeln, und der ausgetrocknete Baum
fängt an zu trinken, soviel er will,
aus der reichen Quelle, die an ihm aufsteigt,
um ihn zu erquicken.
Das reicht ihm das ganze Jahr, um zu leben.

Die Worte rühren an das Geheimnis der Quelle. Denn nicht immer strömt sie. Bis heute ist auch ungeklärt, in welcher Tiefe sie entspringt. Zahlreiche Tauchversuche wurden unternommen. Der erste 1878, einer der letzten 1967. Dabei ließ Cousteau einen Telenauten, den er sonst für Meeresforschungen bis zu 350 m Tiefe verwendet, in die Höhle hinab. Der Elektronentaucher kann von der Oberfläche aus ferngesteuert werden. Er überträgt das Bild, gibt Tiefe, Lage und Position an und zerschlägt mit seinen Greifarmen Gestein, um Proben zu entnehmen. Bei einer Tiefe von 106 m wurde das Experiment eingestellt. Denn der Abgrund setzt sich durch einen Seitenarm in die Tiefe fort, und es schien zu gefährlich, den Telenauten in den neuen Gang einzuführen. Man hatte glatte Felswände und das Fehlen jeglicher Strömung festgestellt. Aber nicht, woher der unterirdische Fluß sein Wasser bezieht. Forscher vermuten, daß es Regenwasser ist, das auf den Mont Ventoux, das Plateau von Vaucluse und das Gebirge von Lure niederfällt.

In Zeiten großer Trockenheit steht das Wasser so tief, daß es verschwunden scheint und der Eingang zur Höhle sichtbar wird. Dort, wo die Quelle ins Tal brodelte, liegt reglos ausgetrocknetes Geröll. Doch durch das Dorf strömt Wasser. Dann wird die Sorgue von Nebenquellen gespeist, die 200 m talauswärts ans Licht treten.

Nach starken Regenfällen, wenn das Quellwasser, vom Sorguemaß Null aus gerechnet, einen Pegel von 21 m erreicht hat, beginnt es, aus dem Becken überzulaufen und ins Tal hinabzustürzen. Wochenlang bleibt der Wasserspiegel bei 24 m; in der Sekunde steigen dann 150 000 Liter aus dem Innern des Berges. Dabei ist die Temperatur unabhängig von der Außentemperatur und schwankt zwischen 12 Grad und 13 Grad Celsius.

Wir folgen dem Lauf der Quelle, kommen an Petrarcas früherem Garten vorbei, der jetzt als Biergarten lockt – statt jener Lorbeerbäume Platanen – betrachten erlesene Olivenholzgegenstände in Buden längs des Weges und kaufen ein Liebessonnett, in der alten Papiermühle (15. Jahrhundert) neben dem Wasserrad. Vorbei am Dorfplatz mit der Gedenksäule, die man 1804 zum 500. Geburtstag Petrarcas errichtete, zurück über die Brücke und geradeaus durch einen kleinen Bergstollen, neben dessen Ausgang der gewachsene Fels in ein Haus mündet. In dieser Klause, am linken Ufer des Quellflusses, lebte Petrarca.

Am Ufer entlang, durch eine fast unwegsame Wildnis, finden wir den alten Steig hinauf zur Schloßruine. Sie stammt aus dem 11. Jahrhundert und gehörte den Grafen von Toulouse, die sie später den Bischöfen von Cavaillon überließen. Bei ihnen war Petrarca oft zu Gast. Von der kühnen Burg sind nur Grundmauern und vom Wind zerfetzte Wandfragmente geblieben. Auch bergan, über kunstvoll gestufte Terrassengärten, hat die Natur Vergessen gesät. Der Blick findet die Quelle. Ihr konnte die Zeit nichts anhaben. Ebensowenig wie dem Liebessonnett Petrarcas, das wir noch einmal lesen: «Gesegnet sei der Tag, die Stunde, da ich dir begegnet . . . »

Osterspaziergang

Am Ostersonntag gehen wir über wildes blühendes Land. Er ist eigenartig, der Frühling in der Provence. Zweieinhalb Monate lang tragen Bäume Blüten. Anfang Februar eröffnen die Mimosen an der Küste; im Landesinnern folgen die Mandelbäume über noch karger, aufgerissener Erde. Später breiten Kirschbäume ihre Blütenwolken aus unter einem grauen Himmel neben winterlich kahlen Platanen. Im März beginnen die Knospen der Laubbäume zu schwellen . . . Aber noch immer erscheint das Land herb, wird von Mistral und Regen heimgesucht; noch immer wirken die Blüten nicht überzeugend, nicht mitreißend – fernöstliche Theaterkulisse. Man gewöhnt sich an ihren Anblick, wie man sich an alles Schöne gewöhnt, wenn es zu lang dauert. Doch plötzlich, Anfang April, verwandelt sich die Provence über Nacht in ein grünendes, keimendes Paradies.

Unser Weg verspricht die Hügel. Kurze Zeit später sind wir in der Weglosigkeit, auf wildblühenden Feldrainen, geleitet von Obstgärten, Artischockenfeldern, Olivenhainen. Es duftet nach Thymian und Rosmarin. Wir sind uns selbst überlassen, gehen einfach, an burgähnlichen Landhäusern vorbei. Dickicht im Gelände zwingt uns jetzt einen Zickzackkurs auf. Auf steinigen Umgehungen gelangen wir zu einer merkwürdigen «Insel». Ein in einer Mulde sanft hingebreiteter Weingarten läßt aus seiner Mitte heraus eine buschbestandene Erhebung wachsen. Im Gestrüpp halb verborgen eine steinerne Klause. Wir öffnen die Tür. Feldgeräte, an die Wände gelehnt. Dennoch ist der sparsame Raum mehr als ein Geräteschuppen. Er hat etwas bewahrt aus jener Zeit, als die Bauern noch mit Pferd und Wagen ihre entfernt gelegenen Felder besuchten. Sie brauchten zur Mittagszeit ein schattenspendendes Dach, ein Herdfeuer und manchmal ein Lager, um neue Kräfte zu sammeln. Eine Treppe führte zur bettbreiten «Schlafgalerie». Die alten Mauern dieser «Cabanons», vergessen und verfallend, atmen heute noch urtümliche Geborgenheit.

Wieder draußen, entdecken wir, zwei Felder weiter, ein eingestürztes Gehöft. Da ragen hinter dichtem Ginster und undurchdringlichem Dornengestrüpp die grauen Reste dessen auf, was einmal ein lebensvolles Bauernhaus gewesen sein muß. Ein schmaler Korridor läßt uns bis zur Mauer durchschlüpfen und den Kopf durch eine Türöffnung stecken.

Dichtes Dornenränkespiel auch im Innern. Wie hell und heiter wirkt so ein Haus, dessen Dach der blaue Himmel geworden ist!

Nach einigem Suchen lassen wir uns schließlich dort ins Gras nieder, wo der Haushang zur Straße hin abfällt. Von unserem Rastplatz aus schauen wir dem Feldweg nach, der sich mit sanftem Schwung über die Hügel hebt. In der warmen Mittagssonne folgen wir seiner Melodie. Wie nach einer Schleuse öffnet sich hinter einem Wall von Pinien ein schmales Tal, das am Fuße steiler Lubéronwände beginnt und endet. Wie hängende Bäuche wölben sich hoch oben grau geschwärzte Kalkfelsen über den letzten verstiegenen Bäumchen. Wir fühlen uns von ihnen in den Bann gezogen, als sei dort oben seit Urzeiten ein Zufluchtsort. Vom Berg muß das Wasser kommen, das das Schilf auf der Wiese sprießen läßt. An einem mauerumfriedeten Kirchhof vorbei gehen wir dem Talende entgegen. Wir spüren keine Müdigkeit, als wir den Höhlen entgegensteigen.

Der Weg beginnt sich dschungelartig zu verstricken. Nach einigen Kehren öffnet sich der grüne Vorhang, und wir stehen überrascht vor einem großen stillen Haus. Die sandsteinhaften Mauern ruhen auf felsigem Boden. Die Fensterläden sind geschlossen. Über einen versponnenen Gemüse- und Blumengarten geht der Blick über den dichten Wald hinaus ins offene Tal. Gegen den Berg, wie ein Dach, die Krone einer alten Kastanie. Wasser fließt aus einem Rohr in ein eisernes Becken, fließt über und verliert sich bergab.

Wir setzen uns auf das Mäuerchen vor dem Garten, selig, hier gestrandet zu sein. Im Schatten des großen Baumes, neben dem stillen Haus, stehlen sich Pfade davon; den Höhlen entgegen? Insel der Gegenwart... Das Summen der Bienen warm wie die Sonne auf der Haut. Draußen im Tal strömt der Frühling fort in die Zukunft. Haus in unserem Rücken – die Kammern gefüllt mit Vergangenem. Die Höhlen dort oben – vergangen? Besitz – wir be-sitzen, be-greifen – eine Stunde lang im Frühling.

Ein Sonntag im Dorf

Dem großen Platz neben der Kirche von Vaugines ist nicht anzusehen, daß es Sonntag vormittag ist. Es ist stumm um das Gotteshaus. Überdimensional die Platanen zwischen der Kirche und dem abgewandten Dorf. Ihre Stämme und Äste berühren den Raum zwischen zwei Welten. Es klingt seltsam, aber wir finden zunächst keinen Zugang zum Dorf. Entlang der Umgehungsstraße stehen alte, hagere Häuser in geschlossener Front. Aber die Sonne wirft Farbe, Schatten und Tiefe über die kleinen Balustraden, Vorgärtchen, Terrassen und Balkone. Zu einem schattigen Durchgang zwischen Häusern springen ausgetretene Stufen hinauf. Das Dorf hat uns eingelassen.
  Man vergißt die Außenwelt in Vaugines. Sie ist wie ausgesperrt. Es öffnet sich ein schräg hügeliger Platz, umdrängt von vor- und zurücktretenden Häusern. Wir begegnen dem Sonntag am Brunnen. Provenzalen ganz unter sich: Zu fünft im Gespräch auf den Stufen unter dem Wasserbecken, zwei scherzend auf dem Brunnenrand, ein Bub mit einem Segelschiffchen spielend. Vor den Häusern beschaulich in der Sonne die Alten. Neben mancher Tür und auf diesem und jenem schmalen Balkon wächst Oleander. Uns scheint er das Rot seiner Frühlingsblüte aus den alten rissigen Tonamphoren zu trinken, die da und dort verloren in Ekken und auf Simsen stehen. Und hier eine gelbe, dort eine schwarzweiß gefleckte faule Katze. Vor hohen vergitterten und verhängten Fenstern vereinzelt Topfblumen. Mitten auf dem Platz in einer Bodensenke steht ein roter Wellblechkastenwagen. Ein paar Leute warten darauf, vom Metzger bedient zu werden, der in der offenen Auslage ins Volle greift. Daß nun in all den Küchen der alten Häuser die Vorbereitungen zum Sonntagsessen im Gang sind, zeigen auch die eilig heimwärtsstrebenden Baguette-Träger. Wir finden, ohne zu fragen, den kleinen versteckten Laden mit der Aufschrift «boulangerie», aus dem es so verlockend nach frischem krustigem Weißbrot duftet.
  Kleine versteckte Wege bergauf. Es ist eng und schattig, unausgesprochen privat in diesen Gassen, so daß wir umkehren, zurück auf den sonnigen Platz. Auf den gewärmten Stufen des Brunnens lauschen wir den Geräuschen des Wassers, der Schritte und Stimmen.
  Der sonnige Mittag macht durstig. «BAR – TABAC – CAFE»! Wir teilen den Vorhang, dessen Perlenschnüre den Körper streifen, passieren

den Tabakladen und setzen uns ganz hinten an einen kleinen Tisch. Nicht Frühschoppen – Apéritifstunde im Café. Man trinkt Pastis, ein Getränk aus Branntwein und Anis, angereichert mit Süßholz und aromatischen Kräutern. Die glasklare Flüssigkeit wird milchig, wenn sie sich mit Wasser verbindet. Das Wasser wird aus einer silbernen Kanne eingeschenkt und ist so kalt, daß das Gefäß mit perlenden Tropfen besetzt ist. Der Patron gießt mit ruhiger Gebärde ein. Er kennt seine Gäste, bedient sie aufmerksam, diskret. Sie trinken und entspannen sich, lassen sich anregen – vom Apéritif, von ein paar Worten, die hin und her gehen, von der Zeitung. Man bleibt eine Zigarette lang, zerdrückt die Kippe mit dem Schuh und geht hinaus. Aber nach kurzer Zeit kommt man wieder, um noch einen Pastis zu schlürfen, in der Zeitung zu blättern, zu reden oder zu schweigen.

Es geht leiser zu als in unseren Wirtshäusern. Niemand schwingt Reden. Dem Provenzalen aus der «colline», der Hügellandschaft zwischen dem Meer und den Alpen, sagt man nach, daß er wenig redet und kaum lacht. Nicht umsonst heißt ein provenzalisches Sprichwort: «Um einen Menschen zu kennen, mußt du einen Sack Salz mit ihm gegessen haben.»

Der Menschenkenner hinter der Theke ist jetzt mit Abwischen beschäftigt. Ein älterer Mann mit Baskenmütze kommt herein; lächelnd, doch in sich gekehrt, schiebt er sich auf den Barhocker. Ein Mann im Unterhemd kippt behutsam einen Pastis nach dem anderen, wird aber weder betrunken noch redselig. Ein Hund trottet schwanzwedelnd herein, streicht um die Füße der Männer und läßt sich auf dem Boden nieder. Keiner nimmt Notiz von ihm. Da kommt schon der nächste. Auch er scheint allen zu gehören. Zumindest kennt man sich. In diesem Bistro gehen Männer und Hunde aus und ein. Wir sehen weder Frauen noch Kinder. Vielleicht fehlt die Gemütlichkeit: Kanapees, in die man sich hineinsinken lassen kann, weiß gedeckte Tischchen, bequeme Sessel, ein wenig Glanz durch goldverzierte Spiegel . . .

Wir streifen wieder den flüsternden Vorhang und treten hinaus in den hellen Mittag. Jenseits der gepflasterten Fläche, bevor der Dorfplatz talwärts in lichte Wohnstraßen mündet, erstreckt sich unter Platanen ein staubiger Sandplatz. Eine kleine Herrenrunde hat sich zum Spiel mit den eisernen Kugeln versammelt, der «pétanque». Laute Zurufe und temperamentvolle Kommentare begleiten die gezielten Würfe, Kugel gegen Kugel. Wir machen unsere Beobachtungen schweigend. Unübertroffen sind die des französischen Reiseführers Michelin, der das französische Nationalspiel nicht nur kommentiert, sondern auch psychologisch erhellt:

«Da wird die letzte Kugel geworfen. Sie rollt vor dem Spieler dahin, und man kann ihre Bewegung auf seinem Gesicht verfolgen. Er hypnotisiert sie, beschützt sie mit seinem Blick, er überredet, er möchte sehen, wie sie seiner Stimme gehorcht, er beschleunigt oder verlangsamt damit ihren Lauf, er ermutigt sie durch eine Geste und schiebt gleichsam mit der Schulter nach, er besänftigt sie mit der Hand; auf den Zehenspitzen stehend, mit ausgestrecktem Arm, in seinen Gesichtszügen eine Fülle widersprüchlicher Regungen, vollführt er mit seinem Körper eine subtile Pantomime; man könnte sagen, seine Seele sei in die Kugel geschlüpft.»

Indem wir dabeistehen, fühlen wir uns als belebende Kulisse einbezogen in das Spiel. Und doch nimmt keiner Notiz von uns, als wir uns losreißen zu einem Gang durch das andere Vaugines. Vielen Einheimischen ist es zu eng geworden im Bauch des Dorfes. Tastend sind sie auf der Suche, die uralten Baustoffe, Stein und Holz, neu mit Licht und Vegetation zu arrangieren. Verschwenderische Kargheit: Mauern, klare Konturen, leuchtendrote Ziegeldächer, kleine Fenster, abgewandte Innenhöfe . . . Zypressenhecken, leuchtende Malvenblüten, ein sorgsam gepflanztes Olivenbäumchen und Oleander – verschwenderisch.

Ein Sonntag im Dorf

Orange

Madame Parraud

Auf der Straße geht eine alte Frau spazieren. Sie geht am Stock, in einen grauen Morgenrock gehüllt; an jeder Hand blitzen Ringe. Den Höhepunkt ihrer Nachmittagstoilette bildet eine graue, sorgfältig frisierte Perücke. Die Frau schaut uns an, als habe sie uns erwartet.
 Da es noch zu früh ist, lassen wir uns wieder auf thymianduftende Pfade locken. Dann suchen wir das Haus. Wir finden es hinter einem Olivenhain; an die ehrwürdige Mauer gelehnt ein Rosenstrauch, darüber die Jahreszahl 1822. Eine Steinbank verbreitet Feierabendgefühl und der Feigenkaktus dahinter Ferienstimmung. Aus dem Haus klingt eine muntere Stimme. Da keine Antwort folgt, sondern das Sprechen immer wieder unterbrochen ist, wissen wir, daß da jemand telefoniert. Behutsam betätigen wir den Türklopfer. Das Plaudern bricht ab, langsame Schritte nähern sich, die Tür der Bastide de Notre Dame tut sich auf. Ja, sie ist es! Den ganzen Tag hat sie sich auf unseren Besuch vorbereitet!
 Hinter uns schließt sich die Tür wieder. Wir gehen durch einen dunklen Flur und kommen ins Wohnzimmer. Kreuzgratgewölbe, offener Kamin, ein schweres Buffet, ein Kanapee mit geschwungener Lehne, in dem man sich aufgehoben fühlen kann. An den Wänden, auf Kamin und Anrichte die Bilder eines jungen Mannes. Das sei ihr einziger Sohn gewesen; mit siebzehn Jahren sei er an einer Gehirnhautentzündung gestorben. Wenn sie damals nicht den Glauben gehabt hätte, sie wäre mit ihm gestorben ... Aber – sie lächelt – sie sei nicht einsam. Ihre Freunde besuchen sie und rufen an, zweimal in der Woche komme eine Hilfe, im Sommer habe sie ja die Gäste. «Kommen Sie», sagt sie plötzlich, «ich zeige Ihnen das Haus!»
 Wir steigen eine steile Treppe hinauf. Vor fünf Jahren hat sie ihr Haus in zwei Hälften geteilt, ihr Schlafzimmer nach unten verlegt und den ersten Stock zur Ferienwohnung mit separatem Eingang gemacht. «Seit vier Jahren kommen die Gäste, es sind immer dieselben, sie sind inzwischen Freunde geworden.» Deshalb dürfen sie auch im «Hochzeitszimmer» nächtigen, ihrem ehemaligen Schlafzimmer, in dem noch die Hochzeitsmöbel stehen und die Wiege ihres Mannes. Als wir die Befürchtung äußern, das Bett könnte zu kurz für die Verwandten sein, dürfen wir uns gleich hineinlegen. Der Waschtisch im Louis XV-Stil ist eigentlich nur noch Zierde, obwohl sein Wasserbehälter vierzehn Liter

faßt, und, wenn er gefüllt ist, aus dem verspielten Hahn das Wasser fließt. Aber da gibt es ja noch das Bad mit seinem Waschbecken im Louis XVI-Stil. Zwar sind hier die technischen Errungenschaften des 20. Jahrhunderts genutzt, aber man muß die rosenbemalte Waschschüssel drehen, wenn das Wasser ablaufen soll. Wohin die Geheimtür im Badezimmer führe? Zu einer Abstellkammer? Wir erfahren, daß hinter dieser Tür früher einmal Trauben zerstampft wurden. «Kommen Sie!» – wir gehen wieder die steile Treppe hinunter – «ich zeige Ihnen, wo man den Wein anzapfte!» In der Küche ragt aus der Wand in Kniehöhe ein bescheidener Hahn, dem man seine frühere Bestimmung nicht ansieht. Wir stehen unter einem Kreuzbogengewölbe, das die beiden halben Küchen überspannt. Im einen Teil befinden sich Kühlschrank, Herd, Arbeits- und Eßtisch, im anderen Spüle und Geschirr. Als wir den Arbeitstisch verwundert betrachten, erklärt die alte Dame, das sei früher einmal ein Frisiertisch gewesen; ihr Mann habe als Friseur gearbeitet.

«Fontaine, je ne boirai jamais de ton eau», «Quelle, ich werde nie von deinem Wasser trinken!» Man soll niemals «nie» sagen! Sie hatte gesagt: «Ich steige nie in ein Flugzeug, ich steige nie in ein Schiff», und dann war sie doch eingestiegen. Vor vier Jahren, als sie zu reisen begann: Paris, Bretagne, Schwarzwald, Spanien, Griechenland. Dieses Jahr wollte sie eigentlich nach Jerusalem, aber eine Bronchitis hinderte sie daran. Sie erzählt von einem Schloßrestaurant auf den Balearen. Einmal in der Woche gehe es dort mittelalterlich zu. «Graf» und «Gräfin» erwarten die Gäste in der Kleidung von anno dazumal. An langen Tafeln werden achthundert Menschen bewirtet. In der Mitte des Saales historische Reiterspiele, die die Tafelfreuden würzen.

Während dieser Schilderung blitzen ihre Augen; die kleinen zarten Hände mit den kurzen Fingern unterstreichen die Worte. Sie ist 79 Jahre alt und hat es geschafft, ihr Leben umzukrempeln! Nach langen Jahren in Marseille, wo sie geboren wurde und mit ihrem Mann bis zu seinem Tod lebte, geht sie in die Welt hinaus, geht auf sie zu und holt sie sich ins Haus. «Natürlich kann man enttäuscht werden. Aber» – sie lächelt – «ist man dann nicht selbst schuld?»

Wir sind inzwischen in der Küche, in der sie täglich selbst kocht. An der Wand hängt ein Schränkchen mit gedrechselten Säulen; es sieht aus wie ein Käfig. Aber es ist kein Vogel darin, sondern Brot, luftig und trocken aufbewahrt. Salz- und Mehlbehälter gleichen gotischen Kapellen. Auf dem Tellerbord Keramik aus Moustiers. In der Mitte ein langer Tisch mit einer Schüssel aus Olivenholz. Der Stampfer darin, ebenfalls aus Holz, erinnert in seiner Form an einen Knochen. «Damit mache ich Aïoli», sagt die alte Dame. «Man ißt es zu Kartoffeln und Gemüse, oder geröstetes Weißbrot dazu. Es ist nach dem Pastis und der «bouillabaisse» die berühmteste Spezialität der Provence. Möchten Sie das Rezept erfahren?» Wir nicken. «Im Mörser werden die Knoblauchzehen zerstampft. Wenn Eigelb, Salz und Pfeffer hinzugefügt sind, rührt man fünf Minuten lang Olivenöl ein, aber nicht mehr als eine halbe Tasse. Wichtig ist, daß Öl und Eier Zimmertemperatur haben.»

Sie nimmt ein Kohlebügeleisen in die Hand und erzählt, daß sie schon immer die alten Sachen geliebt habe. Als sie jung war, habe man ihr viele geschenkt, man habe gewußt, daß sie sich darüber freute. Und nun seien sie ja wieder in Mode. Auch von den alten Bräuchen habe sie immer viel gehalten. So feiere sie jedes Jahr provenzalische Weihnacht – mit einem mit Olivenöl getränkten Holzscheit im Kamin, dreizehn Desserts, einem Gedeck mehr, weißen Tischtüchern, Kerzen. Sie begehe das Fest so, selbst wenn sie allein sei. Aber meistens kämen Freunde aus Marseille, um mit ihr zu feiern.

Die Zeit vergeht wie im Flug. Es ist Abend geworden. Beim Abschied tätschelt uns die alte Dame die Hand und sagt: «Selbst wenn Ihre Freunde nicht kommen – Sie können jederzeit kommen und mich besuchen.»

Arles

Traurigkeit und Enttäuschung sind die ersten Gefühle angesichts der schäbigen Verlassenschaft im Eingangsbereich der Alyscamps. Wir zwingen uns, den einzigen Weg zu gehen. Eine lange Pappelallee, der Boden mit flockigem Blütengewölle bedeckt. Hinter den aufstrebenden Stämmen, auf beiden Seiten, Steinmauern, überwuchert von Efeu. Sarkophage erfüllen die Nischen zwischen den Bäumen – Abfall in den verwitterten Behältnissen, zerbrochene Deckel – am Ende des Weges das Gesicht einer Kirche.

Sie zeigt sich aufgerissen, geschlagen, befallen von Pilz und Efeu. Zusammengehalten und verschlungen wird sie vom Grün, aus allen Ritzen quillt und sprießt es. Eine Lichtschneise bricht ein in das Dunkel des Chors, der sich – noch – entziehen konnte der zärtlichen Zerstörung. Vier turmdicke Säulen, wie für die Ewigkeit gebaut, stützen die Kuppel. Kunstvolle Sarkophage aus der Römer- und Karolingerzeit warten in Altarraum und Seitenkapellen. Ein siegreicher junger Christus trägt das Kreuz aufrecht wie einen Palmzweig. Unter der Apsis die Gruft, Grabesdunkel, feucht, Schattenreich. Es ist, als ob die Verwesung der unzähligen Toten auf den Stein übergegriffen hätte. Der Widerhall der Schritte scheint sich im Dunkel der Jahrhunderte zu verlieren, wo der Wortschwall gewogen und verweht wird.

Wer sich vom erdrückenden Dunkel löst, findet wieder die helle Frühlingsnatur. Das einstige Hauptschiff von St-Honorat ist heute ein stiller Garten. Wo das Gotteshaus einstürzte, ist der Odem des Todes gewichen. Das Kirchenschiff, derart ins Grenzenlose erweitert, macht die Märtyrer- zur Auferstehungskirche.

«Im seelengewohnten Schatten der Alyscamps ... » So beschrieb Rilke diesen Ort, im Mittelalter eine der größten und begehrtesten Begräbnisstätten der Christenheit. Von weither kamen die Toten in Salzfässern die Rhône herabgeschwommen, zwischen den Zähnen Goldmünzen als Bestattungsobolus, um im ehemaligen Römerfriedhof die letzte Ruhe zu finden. Dieser, an der Via Aurelia gelegen – die kostbarsten Grabmäler säumten die Römerstraße – mit den Ausmaßen eines Forum Romanum, wurde Alyscamps genannt, Gefilde der Seligen, was dasselbe bedeutet wie Champs-Elysées – der Name der berühmten Avenue in Paris. In den Alyscamps war zur Römerzeit der hl. Genès begraben worden. Er war Gerichtsschreiber im Tribunal gewesen und hatte sich geweigert, ein Edikt zu unterschreiben, das die Christen zum Tode verurteilte. Nun war er selbst verurteilt worden. In seiner Nähe wünschten die Gläubigen beigesetzt zu werden; man stellte christliche Sarkophage auf heidnische und baute im Lauf des Mittelalters neunzehn Kirchen und Kapellen an jenen Ort, an dem einmal römische Tempel gestanden hatten. Über dem Grab des Genès war die erste Kirche errichtet worden. Durch einen Schachzug der Geschichte begann der Niedergang der Alyscamps zu einer Zeit, als man allmählich wieder die Größe der antiken Kultur erkannte. Freigebige Stadtväter überließen ihren prominenten Gästen in der Renaissancezeit besonders kunstvoll behauene Sarkophage. Später wurde ein Teil der Totenstadt dem technischen Fortschritt geopfert: Man schnitt die «Gefilde der Seligen» durch die Eisenbahnlinie ab.

«Im seelengewohnten Schatten der Alyscamps . . . » Wir gehen langsam die blütenduftende Allee zurück. Eine Angorakatze hat sich an einen Sarkophag geschmiegt, als brüte sie über ihrem vergangenen Leben. Der gleich einem Einbaum ausgehöhlte Kalkstein vermochte die Spuren von Menschenhand nicht zu bewahren; an seinen Ursprung erinnert, hat er wieder zu atmen begonnen.

Wir verlassen die Alyscamps und erreichen später den Place de la République. In der Mitte ein Brunnen mit einem ägyptischen Obelisken aus Granit. Er wurde im römischen Zirkus gefunden, wo er als Wendemarke bei Wagenrennen diente. Cäsar hatte ja begonnen, Arelate, die «Stadt in den Sümpfen», mit allen Vorzügen einer römischen Stadt auszustatten, mit Theater und Amphitheater, Zirkus und Triumphbogen, Aquädukten und Thermen. Aus der keltoligurischen Handelssiedlung entstand eine Veteranenkolonie, die sich bald aufgrund ihrer günstigen Lage im Schnittpunkt von drei Römerstraßen zur Hauptstadt der Provinz und zum «gallischen Rom» entwickelte. Arles war durch ein dichtes Straßennetz mit den anderen Teilen des römischen Reichs verbunden. Der Verkehr zwischen Italien und Spanien passierte die Stadt, da sich hier die südlichste Rhônebrücke vor dem Delta befand. Außerdem gab es schon jahrhundertelang einen Kanal zum Mittelmeer. So konnte Kaiser Honorius im 5. Jahrhundert von Arles als einem unvergleichlichen Handelsplatz schwärmen: «... daß es keine andere Stadt gibt, in der man die Waren aller Gegenden der Erde leichter kaufen, verkaufen oder tauschen könnte als in dieser. Man findet dort die Schätze des Orients . . . »

Hier hatte auch Kaiser Konstantin seine Residenz, in dem früh-christlichen Zentrum, das bald zum Erzbistum und Ort bedeutender Synoden wurde. Nach dem Untergang des römischen Reichs waren West- und Ostgoten an der Macht; sie wehrten sich erfolgreich gegen die Überfälle der nordafrikanischen Mauren. Im 9. Jahrhundert wurde Arles dann Hauptstadt des Königreichs Arles, das Burgund und einen Teil der Provence umfaßte. Zwei Jahrhunderte später wurde es dem Hl. Römischen Reich angeschlossen, das seinen Einflußbereich mit Hilfe der Kirche ständig erweiterte.

Das Kloster St-Trophime liegt eingezwängt und halb versteckt am Rande des Platzes. Das Kirchenportal aus dem 12. Jahrhundert, bestehend aus konzentrisch sich nach innen verjüngenden Bogengewölben, ist ein Beispiel für die strenge Gesetzmäßigkeit religiöser Gedankengebäude. Im Zentrum Christus, der Weltenherrscher; er ist umgeben von einer mandelförmigen Mandorla, dem Zeichen himmlischer Macht. Zu seinen Füßen die Welt, symbolisiert durch ein bescheideneres Oval. Der Herrscher über Raum und Zeit segnet alles Geschaffene und präsentiert ihm die Bibel. Ihm zur Seite die Symbolfiguren der vier Evangelisten, geflügelt gleich Götterboten. Unter ihm, durch einen schmalen Wandfries getrennt, die zwölf Apostel. Sie thronen selbstbewußt, durchdrungen von ihrer Bedeutung als Exekutive. Auf gleicher Höhe mit den himmlischen Ministern ziehen die Erwählten und die Verdammten dahin. Ein Engel nimmt die Seelen der Seligen in Empfang – die immateriellen sind als Kinder gestaltet – und legt sie in Abrahams Schoß. Die Verdammten, nackt – d.h. ihres Schutzes und ihrer Statussymbole beraubt – aneinandergeschmiedet durchs Feuer watend, eine Schicksalskette, werden abgewiesen an der Pforte des Paradieses.

Unter dem Zug der Jenseitigen die Ebene des Diesseits: Zehn ernste Gestalten, sehr menschlich, sehr glaubwürdig stehen sozusagen leibhaftig vor dem Kirchgänger und erinnern an ihre Erdentage; es sind Apostel, Märtyrer und der hl. Trophimus, der erste Bischof von Arles. Er soll griechischer Abstammung gewesen sein und die Provence missioniert haben. Trotz ihrer Standhaftigkeit stehen die mittelalterlichen Idole auf schwankendem Grund. Unter ihren Füßen spielt sich ein dramatischer Kampf ab. «Denn euer Widersacher, der Teufel, gehet umher wie ein brüllender Löwe und suchet, welchen er verschlinge ...» Löwen verschlingen Menschen und Tiere, Samson besiegt den Löwen, aber nicht Dalila, Daniel in der Löwengrube; selbst der antike Held Herkules tötet das Böse in Gestalt des nemeischen Löwen, dessen Haut ihn unverwundbar macht.

Die dunkle Öffnung des Portals ist unterteilt durch eine Säule. Es ist eine enge Pforte, durch die der Gläubige eingeht. Die Tür führte dem Analphabeten vor Augen, daß er sich im Kampf gegen das Böse bewähren muß wie die Heiligen, und daß er, wenn er sich nicht verschließt, in den Himmel kommt, in die Nähe des Auferstandenen. Nach diesem Stabilisierungsprogramm konnte er getrost die Schwelle überschreiten. Schöpfer und Kosmos, die unendlich vielfältige Einheit, waren für den einfachen Menschen anschaulich dargestellt, klar gegliedert in einer moralischen Hierarchie, die keine Zweifel ließ an Oben und Unten, Gut und Böse. Einheit und Vielfalt, Vielheit und Einfalt. Wir Menschen des 20. Jahrhunderts haben Stück um Stück Wissen dazu erobert, und es ist Stückwerk – bruchstückhafter denn je. Wer besäße heute noch die Kühnheit einer Weltgesamtschau?

Wir treten ein und befinden uns in einem hohen, schmalen, langen Hauptschiff. Es ist überspannt von einem gotischen Kreuzgratgewölbe; der gotische Chor verliert sich himmelwärts, ins Endlose, Dunkle. Über den engen Seitenschiffen Tonnengewölbe. Durch Rundbogenfenster fällt spärliches Licht auf Wandteppiche, Sarkophage, Bilder. Die Teppiche stellen Szenen aus dem Marienleben dar und stammen aus Aubusson, aus dem 17. Jahrhundert. Die Sarkophage aus der Frühzeit des Christentums sind kunstvoll bearbeitet; einer besitzt vollplastische Säulen. Zwischen seinen Arkaden stehen plastische Figuren, die von Millionen Fingerspitzen blank poliert sind. Was früher dem Tod diente, dient jetzt dem beginnenden Leben und einer andersartigen Verwandlung von Materie: Zwei Sarkophage sind als Taufstein und Altarvorsatz verwendet. Trotz der sehenswerten Details fühlen wir uns in der Kirche kahl und kalt. Sie strahlt weder die Reinheit einer Idee noch menschliche Wärme aus. In ihr erlebt man sich einsamer, verlorener, weltferner als in der Natur. Dieser Raum wehrt Wärme, Licht und Jahreszeiten ab; Erstarrung beginnt sich auszubreiten, setzt sich an die Stelle von Veränderungen. In ihrer steinernen Massivität erscheint die Kirche St-Trophime wie ein monumentaler Sarkophag. Gäbe es den Glauben und damit die Kirche ohne die Realität des Todes? Dunkel als Gleichnis – Dunkelheit des Todes, des Schoßes – unvermeidliches Stadium auf dem Weg zum Licht.

Viele Menschen gehen aus und ein. Statt Gebetbuch und Rosenkranz tragen sie Reiseführer und Fotoapparat und sind beschäftigt mit etwas, was sie vielleicht nur von Besserem abhält. Die plötzlichen Zweifel betreffen auch uns. Vielleicht sollte man lieber in der Sonne liegen, ein Buch lesen, Sport treiben, wenn man nicht gläubig, Kunst- oder Geschichtsexperte ist. Die Menschen in St-Trophime fotografieren; sie versuchen, wie wir, mitzunehmen, was niet- und nagelfest ist.

Auch im nahen Kreuzgang liegt das Klicken in der Luft. Kinder nutzen ihn auf ihre Weise: Sie spielen Fangen, tanzen einen Reigen aus Schatten und Licht. Die Treppen lärmen sie hinauf, rennen durch die ehemaligen Kanonikerräume und auf die Dächer hinaus, von denen sie neugierig hinunterschauen auf die wimmelnde Oase unter ihnen. In der Touristenatmosphäre fällt es schwer, sich den jahrhundertealten Sinn zu vergegenwärtigen: den Tagesrhythmus der Mönche, der sich in immergleichen Stunden und Räumen vollzog, ausgefüllt mit bestimmten Verrichtungen; die Architektur des Klosters, die die Räume durch den Kreuzgang miteinander verband und ihn zum Weg werden ließ – Arbeitsweg, Meditationsweg, Lebensweg; die Pilger, die auf dem Weg nach Spanien klösterliche Gastfreundschaft fanden und mit ihren Spenden neue, reichere Klöster ermöglichten.

Allmählich läßt der «Kreisverkehr» nach. Die Apostel an den Hauptpfeilern werden deutlicher und lassen die Auseinandersetzung zu; mit ernstem Gesicht stehen sie in voller Lebensgröße, in faltenreichen Togen wie die Römer, südliche Sandalen an den Füßen. Zwischen ihnen, an jeder Kreuzgangseite, schwingen Arkaden, gestützt von dreimal zwei Doppelsäulen aus Marmor. Man vermutet, daß sie einmal das nahe römische Theater schmückten; die Kapitelle zeigen Palmblattornamente wie in der Antike oder erzählen biblische Geschichten, wie die Romanik sie sah. Zwischen den Gängen liegen Stufen und verhindern eine Versenkung, die Raum und Zeit vergißt. Hat man die Stufen überwunden, kommt man in ein anderes Zeitalter – die Gotik. Anstelle von Tonnen-Kreuzrippengewölbe und auf den Kapitellen Heiligenlegenden. Der Meditationsweg, gezeichnet von Licht und Schatten, faßt den Garten ein. Zypressen und Oleander, Stiefmütterchen, ein Baum mit blauen Glockenblüten. Dahinter das Kirchenschiff mit dem Glockenturm, der aussieht wie ein gegürteter vierschrötiger Mönch. Über den Arkaden des Kreuzgangs eine Art Wehrgang mit Schießscharten, überstanden von Dächern, die, bedeckt mit langen schmalen Platten, Unwiderruflichkeit ausstrahlen.

In dieser Einheit von Himmel, Grün, Mauerwerk, Sonne ist die Verbindung nach außen nicht abgeschnürt. Das Kloster ist um eine offene Mitte gelagert, wie das römische Haus; es öffnet sich nach oben und läßt den zielstrebigen Weg der Pilger einmünden in einen endlosen Weg um die Mitte. Hier erleben wir Kirche nicht als versteinerten Sarkophag, sondern als geöffnete Schale.

Als wir zurückkehren zum Place de la République, fällt uns in einer Treppengalerie eine Skulptur auf. Ein Blinder trägt einen gelähmten Alten, der ihm über die Schultern schauend den Weg weist. Die Beine des

Alten sehen aus wie abgestorben; der Blinde hat den Kopf so horchend und tastend vorgeneigt, als hätte er gelernt, mit der Haut zu sehen. Sein ganzer Körper ist eine einzige Wahrnehmung. Er spürt die Last nicht. Es ist, als müsse er sie tragen, um zum Licht zu kommen.

Wir lassen das römische Theater im Rücken von St-Trophime liegen und wenden uns einem Ort zu, der wie so vieles in Arles von vergangenem Leben und Sterben erfüllt ist. «Arles ist eine Stadt, die ein wenig traurig, ein wenig düster ist, und es ist ein Hauch bösen Zaubers in den Gassen, die alle ansteigen und zusammenstreben zu dem Ort blutigen Opfers, zum Amphitheater.» (Michel Tournier) Seine Basis ist in den Berg hineingeschnitten; die Straße umkreist das scheinbar runde Bauwerk in einer geschwungenen Umlaufbahn. Eine große Freitreppe führt von der Unterstadt hinauf zur Arena. Zwei aufeinandergetürmte Arkadenreihen mit je 60 Bogen, gestützt von Pfeilern und Halbsäulen mit dorischen und korinthischen Kapitellen; aus der Ferne verbinden sich die gähnenden Höhlen mit dem altersschwarzen Stein zu einem skelettartigen «Ringbau», der ungeschlacht und brutal aussieht. Auf die Bogen, gefügt aus gewaltigen Quadern, sind in gleichmäßigen Abständen vier Türme gemauert. Sie drücken der Arena von Arles ihren Stempel auf und wirken wie ein kriegerisches Fanal.

Wir gehen durch eines der dunklen Tore und kommen in eine gekrümmte Galerie. Feuchter Boden, nackte weiche braune Erde; ein Geruch, der undefinierbar ist und Urin, Blut, Schweiß wieder auferstehen läßt. Decke und Wände des Schicksalstunnels fluchten zusammen, hin zu trichterartigen Öffnungen, von denen Treppen ausgehen, die hineinführen in den Todeskessel. Er liegt in gleißendem Sonnenlicht, der Boden mit arglosem Sand bestreut; ein dramatisches Oval, umbrandet von stufenförmig ansteigenden Zuschauerrängen. Trügerische Sicherheit über dem Abgrund, aus dem es kein Entrinnen gab: Eine meterhohe Schutzmauer trennte die Kampfbahn von den 26 000 Schaulustigen. Unten die Konsuln, Senatoren, die Botschafter und der Magistrat. Über ihnen die Priester und römischen Bürger. Eine Stufenfolge höher amüsierte sich das «gemeine Volk». Und ganz oben konnten die Sklaven das Geschick ihrer Schicksalsgefährten verfolgen. Denn die Gladiatoren, die sich im blutigen Zweikampf maßen, waren größtenteils Sklaven oder Gefangene. Sie lebten in Kasernen, bildeten Mannschaften und wurden von Impresarios gemanagt, die sie teuer an reiche Leute vermieteten. Vor allem Politiker griffen gern auf dieses Angebot zurück, da die Todesspiele Bestandteil der Wahlpropaganda waren. Zur besseren Sicht in der Arena zog man einen Holzboden ein; am oberen Rand der Brüstungsmauer sind noch Einschnitte für die Tragbalken zu sehen. Neben bewaffneten Kämpfen fanden auch Boxkämpfe statt – mit Boxhandschuhen aus Eisen, die mit Leder umwickelt waren und grausige Verletzungen verursachten. Prinzipiell mußte der Kampf mit dem Tod eines der beiden Gegner enden. Wer nicht mehr kämpfen konnte, hob den Finger. Hatte sich der Unterlegene brutal genug gezeigt und stand er deshalb in der Publikumsgunst, dann hielt der Präsident der Spiele den Daumen in die Höhe, was Begnadigung bedeutete. Senkte er ihn, mußte der Sieger den Besiegten erdrosseln. Er erhielt dann eine Geldsumme oder wurde freigelassen. Waren wilde Tiere mit im Spiel, versprühte man Parfümwolken über den Honoratioren, um den Raubtiergeruch zu verdrängen. Der Arenasand wurde rot gefärbt, damit die Blutflecken diskret verschwanden. Ein Orchester unterstrich besonders dramatische Passagen. Blieben sie aus, stimulierten Sklaven mit Bleiriemenpeitschen Mensch und Tier und trieben jene in die Mitte der Arena, die das Weite suchen wollten. Oft zeigte man die Spiele an religiösen Festtagen. Der geplante öffentliche Tod fand auch kampflos statt, in Form von Exekutionen. Nichtrömische Bürger wurden gefesselt dem Henker oder wilden Tieren ausgeliefert.

Durch die obere Arkadenreihe fällt Licht. Die Bogen hören unvermittelt und ohne Mauerabschluß auf; die dritte Etage, die Säulenhalle, ist verschwunden. Ihre Steine wurden nach dem Zusammenbruch des römischen Reichs für Häuser und öffentliche Gebäude verwendet. Was übriggeblieben war, plünderten die Mauren. Später wandelte man die Überreste der Arena in eine Festung um, mauerte die Arkaden zu, setzte Fenster ein und Türme auf. Innerhalb der Schutzburg entstand ein ganzes Dorf mit 200 Häusern und einer Kirche. Nicht mehr nur Sterben spielte sich nun zwischen den Mauern ab, sondern auch Geburt, Liebe, Jugend, Alter – gute und böse Tage in einem kurzen oder langen Leben. Aus dem Ort des Grauens war ein Hort des Lebens geworden. Bis man im 19. Jahrhundert den baulichen Urzustand wiederherzustellen suchte und deshalb Dorf und Kirche abriß.

Auf dem Boulevard des Lices trinken wir ein Bier. Schattige Bäume, Straßencafés, schöne Arlesierinnen . . . Wo ist der «rote Narr», der verrückte Maler, der mit seinem «Rot und Grün versuchte, die schrecklichen menschlichen Leidenschaften auszudrücken!» Wir fühlen uns erschöpft. Was haben wir gesehen? Wirklich gesehen? Arles erscheint uns immer unbegreiflicher, undeutlicher, uferloser. Wir werden nicht sagen können, wir kennen diese Stadt. Wie seltsam: Wir erlebten sie als einen Ort, in dem die Straßen und Türen tiefer gründen.

Die Camargue

Ein entseeltes Land? Wind fegt durch die widerborstigen Grasbüschel, zerrt am Schilfgestrüpp, kräuselt die stumpfen Spiegel der Brackwasserkanäle. An erstarrte Dünenwellen klammern sich die Steppengräser. Über das öde Land stülpt sich das Firmament; in vager Ferne flimmernde Helle, Gewitterschwärze und ein befremdendes Blau. Über einen Seitenkanal schwirren große Insekten heran; Vogelschreie durchbrechen die Eintönigkeit.

Wir haben die Straße verlassen und gehen jetzt einen der Wassergräben entlang, die die Einöde durchziehen. Er ist bedeckt von einem weißblühenden Sumpfteppich. Hinter fernen Piniendächern führt ein endloser Weg zu einem unsichtbaren Hof. Allmählich gewinnen wir einen der Horizonte der Gras- und Wassersteppe. Ranchartige Landgasthöfe sind in die Natur gesetzt, mit offenen Reitställen. Von urtümlichem Reiz die Ferienhäuser in der Art der alten Stierhüterhütten. Weiß gekalkte Wände, ein Schilfdach und eine dem Wind trotzende, abgerundete Rückseite.

Wir haben Les Saintes-Maries-de-la-Mer erreicht. Bis in die sechziger Jahre war dieser Ort ländlich, Einkaufs- und Marktzentrum der südlichen Camargue, besucht von Händlern, berittenen Hirten und Bauersfrauen, gezeichnet vom Atem des Meeres. Doch Presse und Film feierten das ursprüngliche Leben. Im August bevölkern den Sandstrand hunderttausend Menschen.

Jetzt, Anfang Mai, sind die Fremden noch überschaubar. Wer nicht hoch zu Roß Stierherden besucht, probiert in den Läden einen Cowboyhut oder schnürt sich mit einem Gürtel aus behaartem Pferdeleder. Selten sahen wir in Geschäften so geschmackvolle praktische Dinge: Handtaschen, besetzt mit samtweichem Pferdehaar, Keramikgeschirr mit unvergleichlich sonnenwarmem Gelbton, Gefäße aus Olivenholz, Buchdeckel und Tabletts aus Kork, Santons mit feingearbeiteten Gesichtern und Kleidern aus provenzalischen Stoffen, Lavendel-Duftkerzen.

Viele Läden drängen sich um eine maurisch anmutende Festung, die Kirche von Les Saintes-Maries-de-la-Mer. Wie ein Wüstenschiff aus grauer Vorzeit ragt sie in die Gegenwart. Das Innere ist von Dunkel erfüllt. Ein einziges Schiff, tonnengewölbt, ohne Seitenkapellen, ohne Sakristei; die Wände geschwärzt. Mitten darin, umgeben von Eisengittern, der Tiefbrunnen, der in Kriegszeiten den Zufluchtsuchenden Wasser gab. Das dunkle Kirchenschiff wiegt ein in traumlose Geborgenheit. In einer Nische die Frauen, die dem Auferstandenen begegnet sein sollen: Maria Jakobäa, die Schwester Marias, und Maria Salome, die Mutter der Apostel Jakobus und Johannes. Sie stehen in einem Kahn. Die Legende erzählt, sie seien um das Jahr 40 mit sechs anderen verfolgten Christen in der Provence glücklich gestrandet. Die beiden Marien seien mit ihrer schwarzen Dienerin Sara in Les Saintes-Maries-de-la-Mer geblieben, das noch heute ihren Namen trägt.

Zwischen sieben Stufenreihen, die zum Altarraum hinaufführen, steigt eine Treppe hinab in die Krypta. Ein Heer von dünnen hohen Kerzen leuchtet uns entgegen. Das Auge wird vor allem angezogen von der schwarzen Sara, der Schutzpatronin der Zigeuner. Ihre Gesichtszüge sind seltsam eindringlich, der Körper ist von vielen Gewändern verhüllt. Ein Glasgefäß ist bis zum Rand gefüllt mit Zigeunergaben: Taschentüchern, Kinderschuhen, Fotografien. Die zahllosen Kerzen sind vom Feuer gezeichnet – sie winden sich und verschmelzen ineinander – die dunkle Krypta verwandelt sich in eine Tropfsteinhöhle. Die dünne warme Luft und die in unaufhörlicher Bewegung tanzenden Flammen versetzen in einen seltsamen Trancezustand. Aber schlagartig verspüren wir Übelkeit und Atemnot. Nur schnell hinaus . . .

Wir verlassen den Ort. In der kargen Natur, die sich zu tarnen sucht, wenn Menschen sich nähern, ist es schwer, «ein Stück Wahrheit» zu finden. Vielleicht folgen wir deshalb dem Hinweis, der uns ins Wachsfigurenmuseum bringt. Hinter großen Scheiben ist ein Augenblick entschwundenen Lebens in das Wachs gedrückt. Die Figuren – fast ausschließlich Männer – sind lebensgroß und wirken ebenso echt wie die Tiere und die Kulissen. Feurige Flamencomusik illustriert die Szenen, die in verschiedenartiges Licht getaucht sind. Da rückt eine Entenjagd ins Bild; da kehren die Jäger am Abend heim in die Hütte. Das Federvieh steckt in den Jagdtaschen des einen, der müde in die Stube tritt. Der andere hat die bunte Beute schon auf dem Tisch ausgebreitet. Ein anderer Ausschnitt, lebendig wie ein Film, zeigt das Stierspiel. Der Stier rast mit gesenktem Haupt gegen die Arenawand, über die sich der Matador gerade mit kühnem Sprung rettet. An das ureigene Leben in dieser Landschaft führt auch das Bild einer Ferrade heran: der Jungstier niedergezwungen von Stierhirten; ihm wird das Brenneisen des Besitzers auf das Bein gedrückt. Geradezu magisch der Tanz der Zigeuner um das Feuer. Auch Vergangenes ist in Szene gesetzt: Wir begegnen dem Maler van Gogh am Strand und dem Dichter Mistral in seinem Arbeitszimmer. Die Petroleumlampe steht auf dem Tisch, an der Garderobe hängt der

Hut, der Kanonenofen bullert. So stark ist die Einbildungskraft angeregt, daß man zu hören meint, was nicht zu hören ist. Doch am beredtesten die Szene im Bistro. Ein kahler Raum, in dem Männer beisammensitzen, um zu trinken, zu rauchen, zu spielen. Sorgen hinter einem Lächeln zu verstecken – um aufzugehen in der Gruppe, die jeden sein läßt, wie ihm gerade ist. Da kann man dösen, zuschauen, ein As hervorzaubern und mit der Faust auf den Tisch hauen. Da wird registriert und vielleicht auch geschwatzt, aber alles ist unverbindlicher als am Arbeitsplatz oder in der Familie. Und doch läuft immer etwas, und wenn es nur der Kellner ist, der auf einem Tablett Schnäpse herbeischafft. Sie sind alle da, die Gäste des ehemaligen Café Boisset, im Begriff, sich zu bewegen, zu sprechen. Sie wollen etwas sagen, es liegt ihnen auf der Zunge, das sieht man. Das Leben scheint angehalten zu sein, wie ein Pendel, das urplötzlich zum Stillstand gebracht wird, im wirklichsten, im unvergänglichsten Moment.

Ein paar Schritte weiter, und manches ist anders. Gesichtsausdruck und Gesten scheinen eine veränderte Situation zu spiegeln, doch hat sich nur der Standpunkt des Betrachters verändert, der das Leben in Ruhe von mehreren Seiten anschauen kann. So wie es der père Boisset könnte, der an der Kasse in die Zeitung vertieft ist. Er liest sie seit vielen Jahren, unaufhörlich, immer dieselbe Seite. Inzwischen wurde aus seinem Bistro das «Hôtel de la Plage», die Bildergalerie des Museumsgründers Boumian wandelte sich zur Diskothek – wir sprachen Monsieur Boisset an, als wir hereinkamen. Und erschraken, weil er sich nicht rührte.

Kurze Zeit später fahren wir mit einem Raddampfer den Rhônearm hinauf. Am rechten Ufer Wohnboot an Wohnboot, am anderen abgestorbene Bäume, Wracks, Gerümpel. Eintönigkeit, ziehende Vögel . . . Der hohe Bug des Schiffes folgt den Windungen des Flusses; er schneidet sich hinein ins wilde Weideland der schwarzen Stiere. Sie grasen in erhabener Ruhe. Die Lyraform der Hörner verleiht ihnen das Aussehen ägyptischer Gottheiten. Als das Schiff hält, nähern sie sich gemächlich. Die kleinen Stiere, die rührend zerbrechlich aussehen, springen übermütig umher. Nach einer Weile legen wir ab und fahren wieder zurück.

Graswüste, Wilder Westen, Ladenromantik, Raritätenzauber, Mississippianklänge . . . Die Camargue entzieht sich. Verbirgt sich hinter Einzelheiten, hinter Schachtelhalmen und Tamarisken, einem Büschel unvermuteter Strandnelken – zuweilen auch hinter einem vergnüglichen Platschen und den gelben Zähnen einer Bisamratte. Wir gehen ohne besondere Neugier; mit jedem Schritt wächst eine gewisse Ratlosigkeit. Einen Steinwurf weit Seen, Landzungen, Seen. Drüben ein Mann und ein Kahn; Netze sind aufgehängt zum Trocknen. Fischreusen, Pflöcke im Wasser. Krebsskelette. Über uns ziehen Flamingos im Abendflug. Der Körper schmal wie ein Strich, in Flügel gebettet, die rosenfarben und schwarz sind. Manche dieser scheuen Vögel stehen fern in den glitzernden grenzenlosen Wasserflächen – Wegbereiter der Einsamkeit.

Wir gehen und spüren den weiten Raum zwischen uns. Ein Gefühl des Verirrtseins. Die untergehende Sonne verwandelt die Seen in spiegelnde Metallflächen. Selbst die Luft spiegelt Seen vor, und der Horizont ist weit. Die fernen Höfe unerreichbar, hinter unsichtbaren Stieren verschanzt. Im Sumpfgras ein Boot. Verwittert, morsch. Als wir uns auf die brüchige Bank setzen, fallen Stechmücken in Wolken über uns her.

Wie konnte das Folgende geschehen? In der unnahbaren Ebene, die kaum Wege zuläßt, die scheuen Vögel in Reservate treibt und die Stiere hinter breiten Wassergräben und Drahtzäunen hält, sind Stechmücken die einzigen mühelos wahrnehmbaren Tiere. Wir überspringen Gräben und überklettern Zäune, wir sprechen kein Wort. Da halten wir den Atem an: Wir nähern uns den Stieren. Die Herde grast. Wir bleiben stehen. Einige heben den Kopf. Wir wagen keine Bewegung. Man stiert uns an.

Ein Freund wird uns später sagen, wir haben Glück gehabt. Der Wind habe in unsere Richtung geweht. Hätten die Stiere uns gewittert, hätten sie uns angegriffen! Alles, was sich ihnen auf zwei Beinen nähert, sei für sie fremdartig und deshalb feindlich. Der Stierhirte auf seinem Pferd sei für die Tiere ein einziges Wesen, ein Zentaure, fast ein Gott. Er sei ihnen vertraut, sie kennen sein Aussehen, seine Stimme und seinen Geruch. Was davon abweiche, bedeute Gefahr. Selbst der Hirte könne es sich nicht erlauben, allein in der Herde vom Pferd zu steigen. Er steige nur ab, wenn er von mehreren Hütern begleitet werde, z.B. bei der Ferrade. Deshalb sei die Besichtigung von Stierherden nur mit dem Pferd möglich.

Man habe nie vom Tod eines Touristen durch Stiere gehört, wohl aber von Verletzungen. Doch vielleicht werde ein solcher Tod auch nicht publik . . . Wir drehen uns langsam um und kehren zurück. Die Stiere scharren. Einige kämpfen miteinander.

Bilder werden wirklich, Bilder von Gelesenem. Ein Sturm fegt über die Camargue. Die Stierherde drängt sich aneinander, stemmt die Hörner gegen den Wind. Wer sich ausschließt, muß fliehen. Doch die Entfernung von der Herde bedeutet den Tod. Der Sturm dauert an, die Tiere legen sich hin und würden sterben, wenn nicht der Hirte sie zum Aufstehen zwänge und an einen geschützten Ort triebe. Ein anderes Bild: Schnee. Wenn er liegen bleibt, müssen die Stiere verhungern, da es auf den Höfen nichts gibt, womit man sie ernähren könnte. Stirbt einer von ihnen, erheben die anderen Totenklage. Angstvolle Schreie, Scharren des Bodens. Wer sie hört, wird an übernatürliche Kräfte erinnert, besonders in den Winternächten.

Während der Stier das Haupt dem Wind zukehrt, um zu überleben, stellt sich das Haus mit dem Rücken gegen ihn. Es bietet (Wind-) schatten und Rast. Alphonse Daudet (1840-1897), berühmt geworden durch die «Briefe aus meiner Mühle», läßt in einem Gedicht einen Stierhirten wohlig in seiner «Cabane» sagen:

Wie schön ist es, wenn der Mistral
an die Tür schlägt mit seinen Hörnern.
Ganz allein sein in der Hütte,
ganz allein wie ein Bauernhaus in der Crau.

Und durch ein kleines Loch sehen,
dort drüben in der Ferne,
wie die Sümpfe des Giraudhofes schimmern.

Und nichts hören als den Mistral,
der an die Tür schlägt mit seinen Hörnern.
Dann von Zeit zu Zeit die Glöckchen
der Stuten auf dem Nachbargut.

Bei seiner schwierigen Arbeit unterstützt das Pferd den Hüter. Es verbindet sich mit ihm nicht nur zu einem höheren Wesen, es ist auch ausdauernd und zäh, kann gut springen und schwimmen und nachts ebenso wie bei Tag sehen. Es meidet gefährliche Stellen im Sumpfland und weiß beim Zusammentreiben der Stiere Hörnerstößen auszuweichen.

Schon seit Urzeiten leben die weißen Pferde und die schwarzen Stiere in der Camargue. Sie haben gelernt, sich gegenseitig zu dulden, nicht aber zusammenzuleben. Ihr Freiheitsdrang ist so stark, daß sich die Pferde nur schwer, die Stiere gar nicht zähmen lassen. Und doch hält der Mensch seit dem 12. Jahrhundert Manaden (Stierherden). Sie können aus einigen Tieren, aber auch aus mehreren hundert bestehen. Sie werden aus Leidenschaft gezüchtet, aus Leidenschaft für Spiele, in denen das Tier zum mutigen, angriffslustigen Partner des Menschen wird. Nach dem Kampf wird es ebenso für seinen Sieg gefeiert wie die Männer. Für die berühmtesten Stiere, die sich jahrelang in den Arenen auszeichneten, sollen sogar Grabsteine aufgestellt worden sein. Neben der aus Asien stammenden Camarguerasse züchtet man in einigen Manaden auch Kreuzungen aus spanischen und protugiesischen Stieren, die für den – seltenen – blutigen Stierkampf bestimmt sind.

Wir sind wieder in der flamingoschnarrenden Diesseitigkeit. Die Weggefährten stehen ruhig in den Teichen und Tümpeln, auf hohen Beinen wie auf Stelzen. Wildenten fliegen auf, aufgescheucht von unseren Schritten. Wir spüren den Boden wieder unter den Füßen, während Libellen schwerelos uns umschweben. Die menschenleere Weite ist erfüllt von Leben – wenn man die leisen Töne hören gelernt hat. Die Camargue entzieht sich nicht länger. Sie scheint hervor hinter Schachtelhalmen und Tamarisken, einem Büschel unverhoffter Strandnelken und dem vergnüglichen Platschen einer Bisamratte. Wir gehen und spüren den Rhythmus der Ebene, über die der Wind fährt, der Wind, der große Beweger und Unruhestifter, der die Teiche mit dem Meer verbündet, das Land das Wasser fürchten lehrt und Tiere und Pflanzen im Salz leben heißt. Ein Stück Natur scheint hervor, das das Meer zurückdrängt.

Schon früh begann sich der Mensch gegen die Naturgewalten zu wehren. Er baute Deiche, durchzog den Boden mit Kanälen, die die Sümpfe trockenlegen, entsalzen und durch Heranpumpen von Süßwasser fruchtbar machen. Im Norden der Camargue wogende Getreidefelder im Wind, Spargelhügel, Weingärten. Im Weizen kleine Inseln der Wildnis mit Wiesenflecken, auf denen Pferde weiden. Aber die Weideflächen gehen zurück. Zwischen dem landwirtschaftlich genutzten Gebiet und dem Sumpfland liegt die Zone der Reisteiche. Straßen, Eisenbahnlinien und Pumpstationen überzogen das Land; statt der Pinien, die den Tieren im Winter Schutz boten, wachsen Obstbäume und Melonen. So gehen auch die Tierherden zurück.

Nicht mehr der Mensch, die Camargue ist bedroht. Umklammert vom Industriegebiet im Osten und Touristikzentrum im Westen. Von ihren ca. 85 000 ha sind zwar 13 000 ha Naturschutzgebiet, in die kein Unberufener eindringen darf. Selbst Wissenschaftlern ist das Jagen, Fischen oder Pflanzensammeln verboten. In weiten Teilen des übrigen Gebiets untersagt man das Bauen, Autofahren, Campen und oft sogar das Wandern. Aber wie wird die Camargue in zwanzig Jahren aussehen?

Wir vollenden den Tag in unserer Ranch. Der Raum ist nur spärlich beleuchtet. Der Kerzenschein macht jedes Gesicht bewegt. Kupferne Pfannen und Jagdtrophäen an der roh verputzten Mauer. Den Raum beherrscht ein ovaler Tisch, wie geschaffen für die Großfamilie.

Die Ranch ist ein uraltes Bauernhaus, weitab von der Straße, im Schilf versteckt, nur über einen holprigen Feldweg zu erreichen. Unscheinbar von außen, der Garten von verlorener Romantik, in der Mitte ein Rosenstrauch, eiserne Gartenmöbel. Neben dem Haus, das erst vor wenigen Jahren zum Gasthof umgebaut wurde, der Stall mit den Pferden.

Die Zigeunerwallfahrt in Les Saintes-Maries-de-la-Mer

Wir sitzen auf der harten Holzbank in der Kirche und warten auf den Beginn der Wallfahrermesse. Ein bunter, lärmender Jahrmarkt zieht herein und wieder hinaus, leuchtet auf, verwischt und mischt Gesichter, Gewänder. Zigeunerinnen mit schwarzen Augen und leuchtendrot geschminkten Lippen, mit goldenen Ohrringen und blauschwarzem offenem Haar. An den weiten bunten Röcken hängen Kinder; das kleinste wird auf der herausgestemmten Hüfte gewiegt. Schon die kleinen zehnjährigen Mädchen sind herausgeputzt, mit hohen Schuhen und gleißendem Goldschmuck.

Die Zigeunerväter führen die Sippe an. Sie tragen den Schnurrbart und die Verantwortung. Mit sicheren Schritten führen sie die Ihren zum Kahn. Sie stehen beiseite, wenn die Frauen die Marien berühren, die Gesichter, die Kleider. Sie sehen zu, wie die Frauen mit der Hand über den Rand des Bootes streichen und dann die Finger an die Lippen legen. Die Geste ist wie ein nach innen gewendeter Handkuß. Kinder werden auf den Seitenaltar gehoben, von dem aus sie zur hellerleuchteten Nische hinaufreichen. Sie schlingen die Ärmchen um die Heiligen und küssen sie. Einem rosigen Baby nimmt die rassige Mama noch schnell den Schnuller aus dem Mund, damit es die Heiligen küssen kann. Die beiden Marien lächeln und wachsen. Denn man kleidet sie neu ein, ohne ihnen die schon gespendeten Gewänder zu nehmen. So wachsen sie, durchscheinend, mit zarten Spitzen, hellblau, dottergelb, moosgrün. Bis sie in anderen Umständen scheinen.

Die zweite Station der Wallfahrer ist die Krypta der schwarzen Sara. Jede Zigeunerfamilie steckt ein Licht an, bevor einer nach dem andern die Schutzheilige berührt. Und als wollten sie ihre Hinwendung «greifbar» machen, lassen sie etwas in den Glaskasten gleiten: ein Taschentuch, ein Kinderröckchen, einen Wunschzettel. Natürlich bekommt auch Sara neue Kleider. Ihr schimmerndes, sich auftürmendes Gewand glitzert geheimnisvoll im Dämmerlicht.

Als wir an unseren Platz in der Kirche zurückkehren, zieht ein Mädchen gerade eilig den Marien rosafarbene «Negligés» über. In verfremdeter Romantik stehen sie im Kahn. Die Messe beginnt.

«Wir zeigen unsere Freude über den auferstandenen Christus mit dieser Wallfahrt», sagt der Priester. «Haben doch auch die beiden Marien, die an diesem Ufer so glücklich landeten, den auferstandenen Christus erlebt!» Die Gemeinde antwortet mit einem Lied, dessen Refrain – ein zweistimmiges Halleluja – mitreißend wirkt. Geleitet wird der Gesang von Klängen einer Mandoline, die an Zikaden erinnert, und rhythmisch begleitet von Gitarre und Kontrabaß. Der Priester dirigiert das Volk mit schwingenden, fast tänzerischen Bewegungen.

So einleuchtend wie die Musik ist die Predigt. Gott habe uns das Geschenk der Liebe, der Freiheit und der Brüderlichkeit gegeben. Besonders in der Familie könne die Liebe gelebt werden. Bei der Hochzeit sage Gott zum Mann: «Ich vertraue dir diese Frau an, sie ist meine Tochter.» Und zur Frau sage er: «Ich vertraue dir diesen Mann an, er ist mein Sohn.» Doch Gott wolle uns nicht manipulieren, sondern habe uns die Freiheit geschenkt, ja oder nein zu sagen. Seit Christus der Bruder aller geworden sei, spielen Rassen keine Rolle mehr . . .

Bei der Eucharistiefeier strömen Hunderte von Menschen zusammen. Zwei kleine Zigeunermädchen sind wie Bräute geschmückt; sie gehen heute zum erstenmal zur Kommunion. Wahrscheinlich erleben sie das Fest hier besonders intensiv, an diesem Ort, an dem sich Gläubige, Familienangehörige und Freunde jährlich wiederfinden.

Als wir nach der Messe auf den Kirchplatz geschoben werden, blendet gleißendes Licht. Wir fühlen geschickte flinke Berührungen an Schultern und Händen. An den Pullovern prangen jetzt Wallfahrerplaketten. Eine Hand wird aufgefordert, den Geldbeutel zu ziehen, während die andere in der einer alten Zigeunerin ruht. Sie hat sich mit dem Gesicht darüber gebeugt, so daß der Halsschmuck aus Goldmünzen über der Handfläche klingelt, und mit dem Finger die Linien nachgespurt. Sie hat wohl noch mehr gespürt, da sie sagt: «Heute großer Fest – nur Glück sprechen!» Sie spricht von zwei Söhnen, zwei Töchtern und neunzig Jahren. Die Alte läßt nicht locker. Obwohl die Weissagung beendet ist, hält sie noch immer die Hand fest. Nun heißt es, sich loskaufen! Um die Kirche herum hat sich eine Gruppe um musizierende Zigeuner gebildet. Einer spielt einen feurigen Flamenco auf der Gitarre; andere begleiten mit rhythmischem Händeklatschen. Eine Touristin sitzt versonnen am Boden. Plötzlich springt sie auf und tanzt. Ihr maskenhaft heiteres Lächeln erinnert an das einer indischen Gottheit.

Ebenso spontan wie die Gruppe entstand, löst sie sich wieder auf. Wir schieben uns durch enge Gassen dem Meer entgegen, bis uns Gitarrenklänge zum überdachten, schattigen Vorplatz des Rathauses locken. Wir erkämpfen Stehplätze auf der Treppe. Unter uns ein magischer Kreis. Eine Zigeunerin betritt ihn. Sie tanzt. Unaufhörlich bewegt sie die Hände in anmutiger Weise, unterstützt von Armen, die sich in Schlangen verwandeln. Auch der Unterleib ist in ständigem Kreisen begriffen. Ab und zu zeigt der Oberkörper erstaunliche Beweglichkeit. Er reckt sich in zuckenden Regungen, plustert sich auf; den Schultern scheinen Flügel zu entwachsen. Dabei gleiten die Füße leicht über den Boden; immer wieder wird einer anmutig gehoben.

Die Tänzerin ist wieder in die Gruppe eingegangen. Ein Zigeuner betritt die Kreismitte. Seine Haltung ist die eines Toreros. Die Arme abgewinkelt, die Ellbogen auf gleicher Höhe mit den Schultern. Die Finger schnalzen provozierend. Der Rumpf fast unbeweglich. Alle Kraft sammelt und manifestiert sich in den stampfenden Füßen. So stampft man im Zorn, vielleicht auch in erotischer Erregung. Eine Frau springt hinab in den Kreis. Die beiden tanzen – umkreisen, belauern, umwerben einander. Ein Magnetfeld entsteht, in dem man es förmlich knistern spürt.

Schon sind Mann und Frau wieder aufgenommen von der Gruppe. Andere kommen, tanzen und gehen. Auch verblühte Frauen, faltig, mit dicken Bäuchen. Die langen Haare umwehen die Runenlandschaft eines Gesichts, das nicht verlebt aussieht, sondern intensiv lebend, lebendig!

Jeder Tanz hat die Dauer eines Gefühls. Jemand stellt sich vor: Da bin ich! Wer bin ich – mit der Ausdruckskraft meines Körpers? Er gibt seine Vorstellungen preis, aber er gibt keine Vorstellung. Einige Atemzüge lang ist die Gruppe auf diesen einen Menschen konzentriert. Ihr rhythmisches Händeklatschen umspielt den Tanz. Jetzt tanzt ein kleines Mädchen. Mit melancholisch ernsten Augen und grazilen Bewegungen. Die Hände flattern wie Schmetterlinge im Wind.

An diesem Nachmittag wird sich der Höhepunkt der Wallfahrt ereignen: das Herablassen des Reliquienschreins. Eine Stunde vor Beginn finden wir gerade noch die letzten Plätze. Wieder gleicht die Kirche einem Jahrmarkt. Doch allmählich wird Ruhe spürbar. Viele schauen zum verdeckten Fenster der oberen Kapelle hinauf, von dem der Reliquienschrein herabschweben soll. Es kommt aber nur ein schalenförmiges Gefäß mit Kerzen herunter. Die Priester zünden die Kerzen an; dann wird es wieder hinaufgezogen.

Da endlich regt sich die Jalousie: Ein Schrein wird sichtbar. Langsam, langsam wird er heruntergelassen. Drei Priester binden andächtig Blumensträuße an die Seile. Matt glänzt das Schreinbild im Kerzenlicht. Die beiden Marien sind zu sehen, wie sie gerade glücklich landeten. Es ist, als ob Sonne über dem Meer liegen würde, das den Kahn an dieses Ufer warf. Die Menge begrüßt die Marien stehend mit einem Magnificat. Beim Refrain heben viele die Arme empor, in den Händen weiße brennende Kerzen. Nach jeder Strophe folgt der vereinte Ruf: «Vivent les Saintes Maries, vive Sainte Sara!» (Es leben die heiligen Marien, es lebe die heilige Sara!)

Viele hatten sich schon vor Beginn um den Altar versammelt; über ihren Köpfen schwebt jetzt der Schrein. Kinder werden in die Höhe gehoben, flammende Kerzen so hoch wie möglich gestreckt. Denn die erste Berührung – durch die sich der Schrein mit dem Boden verbindet – soll Segenswirkung haben. Geradezu fanatisch versuchen die Gläubigen, die brennenden Kerzen am Schrein zu löschen.

Schließlich steht der Schrein auf dem Altar, der genau seinen Ausmaßen entspricht. Er soll von einem Mann geschnitzt worden sein, der, seit seinem fünften Lebensjahr blind, am Wallfahrtstag des Jahres 1850 sehend wurde...

Die Feier in der Kirche ist zu Ende, die Menge schiebt sich durch die Pforten hinaus. Draußen warten schon die Stierhüter auf ihren Pferden, um die Prozession der heiligen Sara anzuführen. Fahnenträger schwingen farbenfrohe Fahnen, als Sara aus der Kirche herausgetragen wird. Ihre Gestalt ist eingemummt in Seidengewänder, es müssen vierzig bis fünfzig sein. Auch das zarte Gesicht ist fast verschwunden; wie bei einer Orientalin schauen nur noch Augen und Stirn hervor. Unter Gesängen und Berührungen wird Sara zum Meer getragen. Ihr Diadem schwankt und funkelt im Sonnenlicht.

Wir gehen mit dem Volk. Zuerst enge Gassen entlang, die den Zug fast blockieren. Dann hinunter zum Strand. Wir schlängeln uns zwischen Zigeunerwagen hindurch bis zu der Stelle, an der die Prozession ins Meer schreiten wird. Hier warten schon Hunderte. Viele stehen im Wasser Spalier. Wir steigen auf große Steine in der Nähe und sehen die Reiter und Sara über dem Meer schweben. Bald ist das Volk wieder auf dem Weg, um seine Heilige zur Krypta zurückzugeleiten.

Später bummeln wir ins Dorf zurück, durch eine riesige vergängliche Stadt. Acht oder zehn Tage lang wird es sie hier geben, sie verfügt über Gassen und Avenuen, hat ihre eigenen Stadtviertel, in denen mehr als zehntausend Zigeuner die fahrbare Heimat aufgeschlagen haben. Aus allen Teilen des Landes und Europas rollten sie heran und «bauten» ihre Stadt. Die Wohnwagen sind prächtig eingerichtet, mit komfortablen Holzküchen, gemütlichen Eckbänken, Wolkenstores und anderen zierlichen Gardinen. Auf den Dächern Fernsehantennen. Bei den Anhängern schwere Mercedes, Citroëns. Vorüber die Zeiten, in denen kutschenartige gemächliche Zigeunerwagen und Pferdegespanne den Pinsel van Goghs beschäftigten. Alle Zigeuner hier scheinen auf der Höhe der Zeit und wohlsituiert. Doch nur die Reichen unter ihnen konnten sich die weite Reise leisten: die Pferde- und Schrotthändler, Musiker, Tänzer und

Stierkämpfer, Kupferschmiede und Vergolder. Manch armer Korbflechter oder Kesselflicker wird «zu Hause» geblieben sein.

Zwischen den Wohnwagen stehen Tische in der Sonne. Die Großfamilien sind um sie versammelt, essen, trinken, plaudern. Überall quicklebendige Kinder . . .

Stierhüterfest in Arles

Auf dem Boulevard des Lices sehen wir schon von weitem die kleinen weißen Camarguepferde. Umstanden von Männern in sandfarbenen Hosen und schwarzen Samtjacken. Unter den Jacketts provenzalisch gemusterte bäuerliche Hemden. Breitkrempige schwarze Hüte beschatten die markanten Gesichter.
Ernst, herrisch, mutig sehen sie aus. Stolze Draufgänger, Herrennaturen, die ihr Selbstgefühl aus dem Leben mit Stieren beziehen. Gestern noch jagten sie über die weiten Ebenen der Camargue. Sie spielen keine Stierhirten – sie sind es!
Ebenso echt die schönen Arlesierinnen, hoch zu Roß, in ihrer Tracht aus dem 18. Jahrhundert. Der knöchellange Rock aus schwerem Brokat ist an der Taille gefältelt und verdeckt beim Ritt die Hinterhand des Pferdes. Die weißen Rüschen am Oberteil bilden die «Kapelle», so genannt, weil sich in die atmende Hautnische ein Gold- oder Silberkreuz hängen läßt; früher nahm man ein Reliquienbehältnis. Das zarte weiße (oder schwarze) Dreieckstuch über den Schultern verleiht der Arlesierin spanische Grandezza. Selbst im Haar stolze Beherrschtheit: Es ist straff zusammengefaßt und von einem breiten Band gekrönt, das wie ein Hahnenkamm zwischen Ober- und Hinterkopf aufsitzt.
Neben jungen, noch errötenden Gesichtern gealterte, vom Leben gezeichnete, pergamentartig verwandelt. Doch alle Köpfe selbstbewußt und königlich. Als Arlesierpaar beachtet man nicht die Touristen, die sich an den Naturburschen und rassigen Frauen nicht sattsehen können. Man grüßt mit ruhiger Würde seinesgleichen, erfreut über das Wiedersehen. Die Pferde gehören dazu, fast wie ein drittes Geschlecht.
Auf der Fahrbahn flutet der motorisierte Verkehr indessen weiter. Wir werden ungeduldig. Wird denn der Festzug nie beginnen? Da – in der Ferne Trommeln und Flöten! Es kommt Leben in die berittenen Festtagspaare. Die Reiter sprengen mit ihren Windsbräuten davon, die Zuschauer bilden im Handumdrehen eine Gasse und schieben den Autoverkehr beiseite, drängen ihn mit ihren Körpern ins Abseits. Mit camarganischem Temperament fegen die Pferde zwischen den Menschenmauern hindurch, ohne daß ein fliegender Huf einen Bauch oder eine Kamera träfe. Bald ist alles wie ein Spuk verschwunden. Etwas verwirrt folgen wir den Pferdedünsten, die von der wilden Jagd in der Luft hängen.

Der Pferdeäpfelkorso erstreckt sich bis zum Place du Forum; an seinem Rande lag vor zweitausend Jahren das römische Forum. Auf diesem umschlossenen Platz, auf dem heute Platanen die schattigen Kolonnaden und Hotels die Läden und Tempel ersetzen, haben sich die Stierhirten mit ihren Pferden aufgestellt. Sie sind dem Bronzemonument Frédéric Mistrals zugewandt, der, in der Kleidung des 19. Jahrhunderts, zum Ausgehen bereit scheint: mit Spazierstock und Zigarre, den Mantel über den Arm gehängt. Während die hellen, hohen Töne der Flöten sich mit den dumpfen der Trommeln vermischen, legt ein Hüter einen bescheidenen Strauß unscheinbarer Camarguegräser zu seinen Füßen nieder.

Die Ehrung Mistrals in Arles hat ihre Vorgeschichte. Frédéric Mistral (1830-1914) stiftete 1904 mit dem Geld des Nobelpreises ein Heimatmuseum, das Museon Arlaten, für dessen 32 Säle er provenzalisches Brauchtum, Handwerkskunst und Trachten mit Liebe und Sachkenntnis zusammentrug. Er hatte ein Werk über die Weihnachtsbräuche geschrieben und darin die historische Vergangenheit seiner Heimat lyrisch anklingen lassen.

Sein Lebenswerk besteht jedoch vor allem in der Wiederbelebung der provenzalischen Sprache. Sie war, wie die nordfranzösische und die anderen romanischen Sprachen, aus dem Vulgärlatein hervorgegangen, das im 4. Jahrhundert im römischen Reich gesprochen wurde. Über ein Jahrtausend lang hatte das provenzalische Französisch Vorrang. Die Troubadours bedienten sich seiner und die Päpste in Avignon; neben Latein war es als Amtssprache anerkannt. Bis im 16. Jahrhundert Franz I. Nordfranzösisch zur einzigen Amtssprache erklärte – im erweiterten Königreich Frankreich – und die Revolution (1789-1795) den zentralistischen Trend noch verstärkte, indem sie alle «Dialekte» in den Schulen verbot. Trotzdem lebte die provenzalische Sprache im Volk und in der Volksdichtung weiter.

In dieser Situation gründete Frédéric Mistral Mitte des 19. Jahrhunderts den «Félibrige», eine Gruppe gleichgesinnter Dichter, die mit Wort und Tat die provenzalische Sprache wieder «hoffähig» machen wollten. Vor allem Mistrals Volksstück «Mireio» (Mireille), das alle Herzen im Flug bis hinauf nach Paris eroberte, weckte neue Liebe zur Provence, zu ihrer Sprache und Geschichte. Mistrals Wörterbuch des Neuprovenzalischen ist heute noch anerkannt. Bevor der Dichter Weltruhm erlangte und den Nobelpreis erhielt, hatte er sich allerdings zur französischen Ausgabe seiner Werke bereit finden müssen. Eigentlich ist das Provenzalische erst nach dem zweiten Weltkrieg infolge des Durchbruchs des Regionalismus nicht mehr vom zentralistischen Staat unterdrückt worden.

Ehe sich der Festzug zum Kirchgang formiert, eilen wir voraus, um während der Messe einen Sitzplatz zu haben. Bald strömt die Menge in die Kirche St-Trophime. Wir sehen sie durch den Mittelgang ziehen und sich in den Bänken aufreihen. Im vorderen Teil Arlesier gleich schwarzen Perlen, weiter hinten die Fremden in Allerweltskleidung.

Draußen auf dem Platz wird jetzt die Prozession zu Ehren Sankt Georgs Aufstellung nehmen. Seinetwegen wird ja das Fest seit 1512 gefeiert, an jedem ersten Maiensonntag, da in dieser Woche sein Namenstag ist. Durch den Mittelgang sehen wir ihn nun schweben, getragen von vier jungen Stierhütern. Andere folgen mit ihrem Arbeitsgerät, dem langstieligen Dreizack. Die schwarzen Samtanzüge der Musikanten heben sich ab von den weißen Gewändern der Priester, die feierlichen Trachten der Frauen von denen der Männer des «Wilden Südens».

Als die Reiterstatue auf dem Altar steht, beginnt die Messe. Provenzalische Worte und Gesänge erfüllen das mittelalterliche Kirchenschiff. Eine Geheimsprache für die Franzosen von außerhalb. Ob alle Einheimischen verstehen?

Während die Menschen zur Kommunion drängen, drängt es uns hinaus. Gleich vielen anderen bleiben wir auf der Treppe stehen, um den Platz besser überschauen zu können. Dort warten die weißen Pferde, in Formation aufgestellt, auf ihre Reiter. Alle Zuschauer blicken jetzt gespannt zum Balkon des Rathauses hinauf. Wann wird die neue Königin erscheinen?

Aber noch geschieht nichts. Nur eine winzige Arlesierin – wie aus einer Puppenstube – mit langem Rock und Spitzenhäubchen, springt auf ein Pferd zu und streichelt es. In einer Ecke ein paar angebundene Pferde. Eines fletscht die Zähne und versucht, seinem Tiernachbarn die Ohren abzubeißen. Der drängt es mit der Hinterhand ab.

So spielen sich für den, der hinschaut und hinhört, viele kleine Dramen, Komödien, Romanzen ab. Fast sind wir überrascht, als das Stimmengewirr aussetzt: Der Bürgermeister ist auf dem Platz erschienen. Er verkündet die Entscheidung der Honoratioren, die im Rathaussaal die elf jungen Frauen mit den Augen maßen: ihren klassischen Gang, das griechische Profil. Aber nicht nur Klassik, Jugend und Anmut warf man in die Waagschale, auch der angestammte Platz der Familie zählt: Es muß eine Arlesierin sein, die Arles repräsentiert, mit Tradition und ohne Ring.

Die Menge klatscht. Gleich wird die neue Königin auf den Balkon hinaustreten. Doch vorläufig stürzen nur Fotografen zur Balkonbrüstung, rückwärts, in verrenkter Haltung, ihr schwarzes Werkzeug im Anschlag. Sie machen sich gegenseitig den Platz streitig und sind auf ein Ereignis fixiert, das für uns Untenstehende noch unsichtbar ist. Schließlich erscheint die Königin, halb versteckt hinter zwei Ehrenjungfrauen, einer Unmenge von Blumen und zurückgebliebenen Fotografen.

Wir sehen die Gestalt im Arlesier Gewand, die hoheitsvoll ist. Die Arlesierin zeigt ihren Reiz durch Haltung; sie zeigt und versteckt Temperament.

Dann geht's zur Arena! Doch nicht auf in den Kampf, sondern auf zum Spiel, Gardian! Durch ein winziges Mauerloch, die Kasse, verkauft uns ein Unsichtbarer die Eintrittskarten. Bald bietet das große Oval ein buntes Bild. Groß und klein strömt herein, quillt fröhlich über die Steinstufen. Man sucht sich einen Platz, schwatzt, gestikuliert. Bis Fanfarenstöße die Luft erfüllen und auf der Bühne ein Mann sich erhebt. Es ist der Bürgermeister. Er grüßt die hereinreitenden, sich lässig im Sattel haltenden Hirten, ihre Gefährtinnen, die hinter ihnen im Damensitz auf der Satteldecke sitzen mit ausgebreiteten Röcken, und leitet die Vorstellung ein. Die Gardians, die heute bei Turnierspielen ihre Geschicklichkeit messen werden, reiten einzeln vor und nehmen die Fahne in Empfang. Wenn ihr Name zusammen mit dem ihrer Stierherde genannt ist, reichen sie mit einem Händedruck die Fahne dem nächsten.

Schweigeminute, Totengedenken, feierliches, federndes Hinausreiten. Da trabt plötzlich ein schwarzer Stier in die Arena. Weißgekleidete Männer springen über die Bande und rennen ihm nach. Der Stier wendet sich und galoppiert auf sie zu. Sie machen blitzschnell kehrt und retten sich mit einem eleganten Sprung über die Barriere. Der Stier ist verdutzt. Wir auch, denn die Männer springen schon wieder hinein in das Kampfrund! Der Stier auf sie zu! Sie über die Bande! Wieder hinein! Der Stier stutzt. Die Männer gestikulieren. Das Tier wendet den mächtigen Stiernacken und visiert einzelne an. Die Spieler lassen anfeuernde Schreie los. In dem schlanken Hinterkörper des Tieres ballt sich die Kraft. Es setzt ihn ein zum Spurt, setzt in explodierendem Galopp einem Männchen nach, das seine Beine unter die Arme nimmt und gerade noch hinter der Barriere verschwindet. Wütend dreht sich der Stier. Die Provokateure purzeln über die Bande. Einer rennt noch. Der Stier nimmt ihn aufs Korn, nimmt ihn fast auf das bandagierte Horn, der Mann fliegt geradezu auf die Barriere zu, fliegt über sie hinweg – der Stier auch! Ein Aufheulen geht durch die Menge! Das Tier hat die Spielregel verletzt; vielleicht auch den Mann? Liegt er am Boden? Der Stier, der gigantisch wirkt, steht jetzt im schmalen Gang zwischen Kampfplatz und Zuschauertribüne und rührt sich nicht. Er hält den Kopf gesenkt. Rührt er in Eingeweiden? Männer stürzen auf ihn zu. Schließlich zerstreut sich der Menschenauflauf; der Stier dreht gemächlich eine Ehrenrunde im Gang und trabt dann leichtfüßig durch den Einlaß wieder hinein. Der so unfair angesprungene Springer scheint vom Erdboden verschluckt. Hat er sich hinter einen Bretterverschlag gerettet, wie sie überall am Rand des Korridors aufgestellt sind?

Da schießen schon wieder Übermütige vor und reizen den Stier. Der macht kurzen Prozeß; ein Satz – und er ist auch schon dicht hinter einem Mann her, der sich wie ein Affe an die hohe Tribünenwand klammert. Die Beine baumeln über den Stierhörnern. Andere Männer versuchen, den Stier abzulenken, indem sie brüllend vorbeilaufen und über die Bande setzen.

Die Männer benutzen die hüfthohe Barriere als Sprungbrett, von dem aus sie gegen die Arenamauer hechten, um sich mit einem letzten Klimmzug den Hörnern zu entziehen. Der Stier nimmt jetzt ernsthaft die Verfolgung auf. Wutschnaubend, kurzatmig, immer ausgepumpter. Die Sprünge werden hektischer und kürzer, Speichel rinnt aus dem Maul. Einmal bleibt er stehen, verweigert den Einsatz. Aber man zwingt ihn in die Arena. Er hechelt über die Barriere, bleibt hängen; sie schürft grausam seinen Unterleib. Da stellt er sich auf die Hinterbeine, will an den Wänden hoch. In der ersten Tribünenreihe zieht ein Mädchen erschrocken den Kopf zurück. Der Stier wird abgeführt.

Ein zweiter kommt; mit Stangen treibt man ihn herein. Vor ihm wird gewarnt, weil seine Hörner nicht mit Leder umwickelt sind. Aber das Tier ist so friedfertig, daß sich kleine Buben hinter den Bretterverschlägen vorwagen. Es steht mitten in der Arena und schaut die Mitspieler erstaunt, ja sogar ängstlich an. Ab und zu macht es ein paar Sätze, um an der Barriere wieder umzukehren. Der Stier nimmt die Provokation nicht an, das Publikum pfeift. Man entläßt ihn.

Auf die Stierspiele, die auf jahrtausendealte minoische Stiertänze zurückgehen, bei denen auf Kreta sieben Jünglinge und Jungfrauen eine tollkühne Tanzakrobatik im Spiel mit dem Stier zur Schau stellten, folgen nun Reiterspiele. Sie haben ihren Ursprung im Mittelalter, in den Turnieren der Liebeshöfe; die Kunst beruht auf der Geschwindigkeit der Pferde und der Geschicklichkeit ihrer Reiter. Drei Arlesierinnen haben sich in weitem Abstand zum Orangenspiel aufgestellt. Sie stehen da wie Statuen, die Frucht auf einer silbernen Schale darbietend. Nun prescht der erste Reiter heran, beugt sich weit aus dem Sattel, ergreift die Orange, wirft sie galant ins Publikum. In fliegender Hast faßt er nach der zweiten; sie fällt zu Boden. Die dritte nimmt er im Flug, während der Kurvenritt ihn fast aus dem Sattel hebt, und hält sie noch in der Hand, als er ins Ziel schießt. Der nächste reitet die Runde; die silbernen Schalen sind wieder gefüllt. Die Frauen reichen unerschrocken die Früchte, vertrauen Leib und Leben den Männern an, die ihre wilden Pferde nicht zu nah vorüberlenken dürfen. Charme der Standhaftigkeit und mitreißende Bewegung mischen sich bei diesem Spiel.

Das nächste zeigt eine Verfolgungsjagd. Zwei Reiter kämpfen um eine Schleife, die am Oberarm des einen befestigt ist. Zwei Pferde galoppieren Körper an Körper, spurten, in Staubwolken gehüllt, mit einer an die Stiere erinnernden Schnelligkeit, drehen sich wie Kreisel im Kreis, drängen sich Leib an Leib, treiben sich in die Enge, um wieder auszubrechen, auf der Hinterhand herumzuwirbeln, von neuem zu explodieren. Aus den wilden Tierleibern scheinen die Reiter herauszuwachsen. Als Teil eines höheren Wesens, das durch den Arenakessel galoppiert, mit einer Hand zügelt und mit der anderen kämpft.

Die Luft ist noch stauberfüllt, als eine neue Hetzjagd hereinfegt. Getrieben und eingekeilt versucht ein herrenloses Camarguepferd, zwei Reitern zu entkommen, die es auf ihren ungesattelten Pferden verfolgen. Patrick – sein Name wird über Lautsprecher genannt – greift jetzt mit einer Hand hinüber in die Mähne des ungezähmten und läßt sich aus dem Schwung des Dahinfliegens hinübertragen auf den weißen Pferderücken. Als wollte er die Wildheit des bezwungenen nur berühren, setzt er sofort wieder zurück aufs eigene Pferd, das er noch am Zügel hält. Das Spiel des Einreitens wiederholt sich, auch in der engen Kurve. Jetzt sogar wechseln beide Reiter hinüber und zurück zwischen den Kopf an Kopf dahineilenden Pferdekörpern. Vor dem Absprung werden die Beine federartig fast zur Kniebeuge hochgezogen und ein Galoppimpuls zum Hinüberkatapultieren genutzt.

Jetzt hat der eine Reiter seinen Hut verloren. Als die wilde Jagd wieder vorbeikommt, kippt Patrick wie beiläufig halb vom Rücken seines Tieres, streckt sich – mit einer Hand in die Mähne verkrallt – nach dem Hut und fischt ihn vom Boden auf. Wie weit sein Pferd das Kunststück mitmacht, wird sichtbar, als Patrick seinen eigenen Hut verliert. Als er sich, tief herabhängend in vollem Galopp, danach ausstreckt, legt sich das Pferd samt Reiter vollends in den Sand. Unglaublich, wie beide die seitliche Landung gleichsam ungeschehen machen, wie schnell sie auf den Beinen und wieder miteinander verwachsen die Verfolgung aufnehmen.

Die kleinen weißen Pferde verlassen die «Rennbahn»; ein schwarzer Stierkoloß trabt herein. Männer springen wie in Trance in die Arena. Der Stier nimmt die Verfolgung auf. Er ist temperamentvoll, aber kein «Springer». Da erscheint noch einmal Patrick, diesmal mit Dreizackstange; ein ebenso gerüsteter Gardian begleitet ihn. Die beiden schleichen sich an, laufen hinter dem Stier her. Der wendet sich blitzartig, um einen Spieler aufzuspießen. Da stellen sich ihm die Profis entgegen, tollkühn, mit ausgestreckten Lanzen. Die Lanzen stoßen vor, drücken gegen die Schultern; sie sind stumpf. Der Stier spürt keinen Schmerz, doch die Herausforderung. Er schüttelt sein Haupt. Das lyraartige Horn ergreift einen Dreizack, zerbricht ihn wie ein Streichholz und schleudert die Stücke in die Luft. Patrick steht entwaffnet da. Von allen Seiten rennen die Mitspieler herbei, greifen mit Gebrüll und Gefuchtel den Stier an. Patrick kann sich von der Arenamitte über die Brüstung retten. Ein neuer Dreizack wird ihm gereicht.

Schnell springt Patrick wieder über die Bande und schiebt sich mit seinem Mitkämpfer seitlich an den Stier heran. Rasche Drehung, Lanzenvorstoß, unwilliger Einsatz des schweren Leibes. Patrick landet mitsamt Dreizack auf dem Boden. Der Stier senkt die Hörner. Patrick liegt unbeweglich, bis der andere den Stier ablenken kann. Da schnellt er sich in die Höhe, faßt an das verlängerte Rückgrat: Die Hose ist von oben bis unten aufgeschlitzt. Lachen und Beifall branden auf.

Pause. Arlesier und Arlesierinnen, die die Zuschauertribünen füllen, geben sich entspannt der Musik, dem Eis und der Familie hin. Man sprengt den Arenaboden mit Wasser. Die Unterhaltung fließt munter fort, Kinder hüpfen unternehmungslustig über die Steinstufen. Bis wieder Fanfaren erschallen.

Frauen und Mädchen stehen bereit zum Tanz. In einer Reihe wie Blumen. Ihre ruhigen Schritte verwandeln sie in Ähren, über die der Wind streicht. Die biegsamen Körper wiegen sich feierlich langsam.

Doch da sind sie schon wieder, die Männer, auf ihren weißen Pferden, sich ihrer Ausstrahlung bewußt, mit sieghaftem Lächeln. Das nächste Spiel wird ihre Konzentrationskraft zeigen und ebenso ruhig Blut wie «ruhig Hand» fordern. Wie im mittelalterlichen Burghof ist ein Ring an einem Galgen aufgehängt. Der erste Ritter galoppiert heran, in der Hand eine schwere Turnierlanze. Er zielt auf den Ring – und trifft ins Leere! Der zweite richtet den Stab im letzten Moment auf den Ring – und ist auch schon vorüber, ohne den Gegenstand berührt zu haben. Der dritte senkt in gestrecktem Galopp unendlich langsam die Lanze – und trägt sie siegreich erhoben, beringt, ins Ziel.

Nach geprüfter Lanzenkunst machen sich die Ritter bereit zur «Reise nach Jerusalem». Sie gruppieren sich um Stühle, die im Kreis aufgestellt sind. Als Musik ertönt, traben sie gemessen rundherum. Plötzlich tritt Stille ein. Die Reiter gleiten blitzschnell vom Pferderücken auf die Stühle. Ein Stuhl zuwenig! Der leer ausgegangene Reiter macht sich mit seinem Pferd aus dem Staub, die Gruppe wieder auf den spannungsgeladenen Weg. Mit jeder Runde werden die Stühle weniger, die Kreise enger, die Kurven schwieriger. Bis ein Stuhl übrigbleibt, auf den die zwei

Schnellsten von einer Arenaseite aus in rasendem Galopp zureiten, um sich vom bäumenden Pferderücken auf ihn zu stürzen. Der Kleinere, fast noch ein Kind, gewinnt. Bei der Ehrenrunde macht er mit angewinkeltem Arm eine forcierende Reitflugbewegung.

Nun versammeln sich alle Gardians zum großen Spielfinale. Jeder der hageren, federleichten Helden aus dem Wilden Süden führt hoch zu Roß eine Arlesierin, die an seiner Seite schreitet und mit einem Blumenstrauß winkt. Er führt sie mitten durch die Arena, verabschiedet sich galant von ihr und mischt sich unter seinesgleichen. Von der Reiterphalanx, die jetzt dem Damenspalier gegenübersteht, löst sich ein Berittener. Er lenkt sein Pferd auf die Seine zu, steigt ab und nimmt aus ihren Händen den Blumenstrauß entgegen. Schnell schwingt er sich wieder in den Sattel; zwei Angreifer nahen. Sie rücken ihm mit ihren Pferden auf den Leib, greifen nach dem Strauß, versperren den Fluchtweg. Aber der Kavalier entzieht Arm und Strauß, findet immer wieder eine Gasse und bringt das anvertraute Gut endlich zu treuen Händen zurück. Als Lohn empfängt er zwei Küsse.

Jedem Hirten gelingt es, Strauß, Ehre und Küsse zu retten. Nur: Patrick empfindet Härten wegen seiner zerrissenen Hose. Er steigt nicht ab, als er die Blumen empfängt. Doch beim Küssen schickt sich das nicht. Er ziert sich ein wenig beim Herabgleiten – und bekommt zum Ausgleich ganze sechs Küsse unter dem anteilnehmenden Beifall und den gellenden Pfiffen der Menge.

Feierliches Hinausreiten und -schreiten. Die Sträuße fliegen ins Publikum. Ein schwarzer Stier rast in die Arena. Er scharrt blutrünstig im Sand, ehe er die Verfolgung der Amateure aufnimmt. «Auf in den Kampf, Torero!» schallt es durch die Arena. Das Spiel ist aus. Alles lebt und strahlt . . .

Avignon

Das päpstliche Bollwerk suggeriert noch immer geballten Machtanspruch. Es macht den Eindruck, als seien Kathedralen und Burgen ineinander verschachtelt, deren hohe Spitzbogentore aus Sicherheitsgründen zugemauert wurden. Als wären Fenster nur als Spähluken eingelegt in die hohen Mauern. Das zinnenbewehrte Bauwerk wirkt zugleich fromm und verschlagen. Nur schroff und klobig erschiene diese mächtige Festung, wären da nicht die beiden gotischen Fassadentürmchen über dem Eingangstor, schlank und unbeschwert wie Minarette. Am Eck der wehrhafte romanische Turm, der schon seit Jahrhunderten in Schach gehalten wird von der Notre-Dame des Doms. Statt der Zinnen führt diese eine gußeiserne Madonna ins Treffen. Wie auf einem Schachbrett stehen sie sich gegenüber, das Papstdomizil und die nachbarliche Kirche, durch ein Remis in ein Stadium gebannt, in dem es keine Entscheidung, ja nicht einmal eine Entwicklung mehr gibt.

Sind die Einlaßtore passiert, so öffnet sich der große Innenhof. In breiter Front staffeln sich dort skelettartige Stahltribühnen. Sie lassen den abendlichen Theaterrummel ahnen und verstärken den Eindruck fremd in fremd verschränkter Fassaden.

Seltsam verwinkelte Geschichten knüpfen sich an den französischen Vatikan. Die Entwicklung nahm ihren Anfang, als Papst Innozenz III. 1209 aus Rom mit der militärischen Unterstützung königlich-französischer Streitkräfte zum Kreuzzug gegen die Albigenser rief. Die Albigenser erhielten ihren Namen von der Stadt Albi, vor den Pyrenäen gelegen. Sie war das eigentliche Zentrum einer Sekte, deren Anschauungen aus dem Mittleren Osten eingeführt worden waren und sich in ganz Südfrankreich verbreitet hatten. Der Kreuzzug hatte für Südfrankreich verheerende Folgen. Die Städte wurden zerstört, die Bevölkerung niedergemetzelt. Die Grafschaft Venaissin, heute ein Teil des Département Vaucluse, wurde päpstliches Eigentum. So ließ sich 1309 Papst Clemens V. von dem französischen König überreden, in Avignon zu residieren. Philipp der Schöne hatte diesen Vorschlag nicht uneigennützig gemacht. Er wollte dem Papst nicht die aufreibenden und gefährlichen Parteienkämpfe in Rom ersparen, sondern das Papsttum als Werkzeug seiner Politik benutzen.

Zunächst errichtete der nüchterne Zisterzienser Benedikt XII. einen Teil des Palastes. Der kunstsinnige Clemens erweiterte ihn um seine schönsten Teile, seine Nachfolger vollendeten das Werk; nach 35 Jahren bedeckte der endgültige Bau mehr als 15 000 qm. In ihm haben die Päpste ihre Macht zementiert und sich dahinter verschanzt.

«Es ist ein babylonischer Bau! – Groß, ungeheuer, schreckenerregend.– Vielleicht vor keinem anderen Gebäude Europas empfindet man diesen Schauer», schrieb Moritz Hartmann im 19. Jahrhundert. «Hoch aufstrebend von der höchsten Höhe des Kalkberges, an dem Avignon liegt, mit wenigen und schmalen Spitzbogenfenstern, mit einem Tore, das trotz seiner Höhe klein erscheint im Verhältnis zum Ganzen – drückt ein geheimnisvolles Schweigen auf diese Mauern und umgibt sie mitten im hellen Sonnenlichte des Südens eine Art von unbegreiflicher Nacht ... Tritt man in den ungeheuren Hof, in die gotischen Säle, die sich einer über dem andern hoch emporwölben, auf die breiten Treppen, erkennt man, wie die Bewohner dieses Palastes von ihrer Riesenhaftigkeit überzeugt waren ... Das ganze ungeheure Gebäude ohne Symmetrie und äußerlich erkennbaren Plan, ohne Sonnenblick, ohne einen einzigen freundlich schauenden Winkel, mit seinen eckigen Türmen, Zinnen und Schießscharten und Schwibbögen steht da, als wäre es von Zyklopen aus einem einzigen Felsstücke, aus einem Gebirge gehauen worden.»

Es ist schwer, den Eindruck zu verarbeiten. Betroffene beschreiben den Gang als Pflichtübung, wenig informativ, ja trostlos, da es treppauf, treppab durch kahle Säle, riesige Höfe, hohe Gemächer, Türme und Kapellen geht, deren Zusammenhang im Dunkel bleibt. Der Palast – groß, berühmt, frequentiert – halte nicht, was er verspreche. Uns erscheint das Labyrinth der leeren Zimmerfluchten wie Kafkas «Schloß» – ein verworrener Albtraum mit verwinkelten Wegen, deren Ziel ein unerreichbarer Mittelpunkt ist. Während man ratlos die Räume durchmißt, rührt man an die Psyche des Palastes, spürt seine Zwiespältigkeit, läßt sich einschüchtern, überreden von seiner Askese, überzeugen von seiner Pracht. Das Mobiliar ist seit der Revolution weitgehend verschwunden, Fresken wurden von Soldaten abgeschlagen und verkauft, als der Palast als Kaserne diente, Wandteppiche, die nie für das Papstdomizil bestimmt waren, bedecken jetzt einsame Wände. Doch gibt es in diesem Labyrinth, das zu seiner Glanzzeit ungebetene Gäste in Sackgassen lockte und seine Bewohner auf obskuren Wegen in die Freiheit führte, Augenblicke, die überraschen.

Eine kunstvolle Bogentür aus Holz führt in die Sankt-Martial-Kapelle, die erstaunlich klein ist für diesen Palast. Und doch drängt sich beim Eintreten der Eindruck des Himmelhohen und Himmelblauen ins Bewußtsein. Ein Stockwerk tiefer öffnet sich ein weiterer Andachtsschrein, die Johanneskapelle. Auch sie klein und mit Fresken des Matteo Giovanetti bemalt, die die Lebensgeschichten Johannes des Täufers und Johannes des Evangelisten wiedergeben. Die farbenstarken Fresken mit den Lebensbildern der Heiligen sind ausdrucksstreng und von einer räumlichen Dichte, daß sich die kleinen Kapellen mit dem Kreuzrippengewölbe zum mittelalterlichen Kosmos zusammenziehen. Kosmos und Bilderfibel, in der man sich ergehen kann ... Die Martialkapelle mit einem direkten Zugang zum Festsaal. Seine gewölbte Holzdecke gleicht dem plankenbelegten Rumpf eines Schiffes und läßt zugleich an eine Arche und an das Himmelsgewölbe denken. Die Beleuchtung verleiht dem Holz güldenen Glanz, betont aber auch seine Neuheit. Das Original wurde bei einem Brand zerstört. Neben Handwerkerrechnungen fand man im Archiv genaue Konstruktionspläne und Materialangaben, so daß die Decke vor einigen Jahren rekonstruiert werden konnte. Der blaue Vorhang des Firmaments, bestickt mit Sternen, der zu Papstzeiten unter der Decke hing, wurde nicht wieder hergestellt.

Vom Festsaal aus führt ein Steg ins Freie zu einer der Küchen. Obwohl nur in halber Höhe des Palastes, wird einem vor dem Abgrund schwindlig. Weit unten die Ziegeldächer Avignons. In der Küche erstaunt der Rauchabzug. Achteckig, über dem gesamten Grundriß des Raums, verjüngt er sich trichterförmig nach oben. Die sakral wirkende Konstruktion wurde zum Räuchern von Fleisch verwendet.

Im Engelsturm die Privaträume der Päpste. Das Schlafzimmer dunkel, inmitten der dicksten Mauern des Palastes. Das Gemach, das den Papst wie ein Tresor – mit den Möglichkeiten des 14. Jahrhunderts – umschloß, wirkt immerfort dämmrig – ein Schimmer verbliebener Konzentration. Rankenhafte Wandmalereien verdichten den Eindruck des Eingesponnenseins. Verästelungen aus Wein- und Eichenlaub wachsen über metaphysisches Blau; exotische Vögel wiegen sich in den Ornamenten. Sie sind den Käfigen entflogen, die in die Ecken gemalt sind mit offenen Türen. Zwischen den rankenden Goldästen springen Eichhörnchen. Die Balkendecke trägt an der Unterseite Bandbemalung und wirkt durch ihr Alter schwärzlich golden. Handgemalte Kacheln in den Farben des Herbstlaubes bedecken den Boden. Sie sind eine Nachbildung eines im Palast gefundenen Fußbodens aus dem 14. Jahrhundert.

Einen ganz anderen Charakter hat das Arbeitszimmer im Garderobenturm. Seine Wände sind mit höfischen Jagdszenen ausgemalt. Man befindet sich in diesem Raum mitten in der Natur, in Gärten und Wäldern, bei der Hirsch- und Falkenjagd, beim Vogel- und Fischfang. Die Farbenpracht der Gewänder und das lyrische Spiel der Gesten stehen im

Widerspruch zur Härte der Szene. Das Bewußtsein, noch ohne das Wissen des 20. Jahrhunderts, ließ sich von einer solchen Inszenierung wohl zu Aktivität anregen. Mit welchen «Bildern» sich heute ein Papst bei seiner Arbeit inspirieren mag?

Auch hier der Boden aus warmen erdfarbenen Fliesen; sie zeigen wie in der Schlafkammer Tiere, geometrische Muster und feine Farbabstufungen. Die schweren Deckenbalken bunt bemalt, als befänden sie sich in einer arabischen Moschee; zum Teil auch geschnitzt und behauen.

Durch das Ablaßfenster gegenüber der Kapelle Clemens' VI. sieht man im Hof die Bühnenaufbauten. Wo sich heute des Abends Festspielbesucher einfinden, drängten sich früher Pilger, um den Segen des Papstes zu empfangen. Der von einem Touristengemisch übervölkerte Palast – er braucht von der Phantasie nur umbesetzt zu werden – für das Kommen und Gehen der Kardinäle, Prinzen und Botschafter, die in Sänften oder Karossen erschienen, für den Aufmarsch der Wachen in großer Uniform, für das Eilen unzähliger Diener durch kostbar möblierte Säle. In der Vorstellung kann von neuem der Kampf entbrennen, wie damals, als es einer Schar von Männern gelang, durch den Abwasserkanal in den Palast zu gelangen und bis zur Küche vorzudringen. Die Verteidiger waren an die Spitze des pyramidenförmigen Kamins geklettert und hatten Holzklötze und Äste, die sich am Herdfeuer entflammten, auf die Angreifer geschleudert. Diese konnten wegen der geschlossenen Ausgänge nicht fliehen und wurden gefangengenommen.

Glanzvoll die Festgelage, die sich oft über mehrere Tage hinzogen. Man zählte bis zu 27 Gängen; im Archiv ist erfaßt, wieviele Rinder, Schweine, Hühner und Lämmer dabei «geopfert» wurden. Der Papst speiste allein an der Stirnseite des Festsaales. Er soll die Anweisung gegeben haben, die goldenen Teller nach dem Mahl zu zählen. War die Vollständigkeit festgestellt, durften die Gäste den Saal verlassen. Auf die Speisereste warteten schon die Armen.

Man muß sich vorstellen, daß Avignon im 14. Jahrhundert zur Weltstadt wird. Daß sich der päpstliche Hof zu einem der glänzendsten Höfe Europas entwickelte und viele Menschen in seinen Bann zog. Italienische Kardinäle mit ihrem umfangreichen Hofstaat logieren in den Häusern wohlhabender Bürger, die gegen Entschädigung ausquartiert worden sind. Die Stadt bekommt italienisches Gepräge, lockt aber auch Abenteurer, Kriminelle, Prostituierte und entlassene Söldner an. Brigitta von Schweden vergleicht Avignon mit Sodom, Petrarca bezeichnet es als «Kloake der Welt». Beide fühlen sich wie Katharina von Siena berufen, den Papst zur Rückkehr nach Rom zu drängen. Nach einer 70 Jahre währenden «babylonischen Gefangenschaft der Kirche» verläßt der sieb-

Avignon

Der Pavillon von Vendôme

te Papst endlich die Stadt. Sie wird nun zum Aufenthaltsort der Gegenpäpste, bis das Konzil von Konstanz im 15. Jahrhundert die Kirchenspaltung beendet. Anschließend ist sie Residenz der vom Papst beauftragten Legaten und Vizelegaten; diese machen Avignon zur Handelsstadt mit reger Bautätigkeit. Während der Revolution fällt Avignon mit der Grafschaft Venaissin an Frankreich.

Ein paar Gassen weiter eine ungewöhnliche Wohnanlage. Unter palazzoartigen Arkaden hängende Balkone in der Art venezianischer Gondeln, überquellend von Blumen. Eine Uhr aus bunten Farbklecksen sorgt für fröhliche Verspieltheit. Das Pflaster des geschlossenen Innenhofes wird durch farbige Abstufungen in Bewegung versetzt: Der Boden scheint Wellen zu schlagen, es wird einem angenehm schwindlig davon.

Orange

Der Triumphbogen zeigt sich von allen Seiten gebieterisch, Größe fordernd, zum Hinsehen zwingend. Ein Stück gewaltigen Mauerwerks, im unteren Teil von drei Torbogen getragen, gegliedert durch korinthische Säulen, Gesimse, Wandfriese; das mittlere – höchste und breiteste – Tor dreiecksgestirnt ... Wer aus dem Norden, dem feindlichen Gallien kam, auf der Via Agrippa, der Verbindung zwischen Lyon und Arles, mußte durch dieses Stadttor; er kam am römischen Triumph – sozusagen – nicht vorbei. Überhöht, über den Bogen, in Reliefdarstellungen die II. (Gallische) Legion. Herausgehoben im Zentrum ihre Kämpfe mit den Galliern, die die Feinde zu Gefangenen machen, seitlich darunter Gegenstände aus der Seefahrt, die an den Seesieg Cäsars über die Marseiller Griechen erinnern, darunter – über den seitlichen Bogen – erbeutete Waffen und Rüstungen als Siegestrophäen. Wer so erinnert und gewarnt das Tor passierte, kam in den Genuß eines Kassettengewölbes und wurde mit Rosetten, Blumen und Früchten verwöhnt.

Dieses Siegesdenkmal, das zu den besterhaltenen der antiken Welt gehört – auch zu deren größten – wurde wie viele andere in Erinnerung an die Stadtgründung errichtet, die immer mit den «unvergeßlichen» Heldentaten der dort Angesiedelten verbunden war. Im Falle Arausios – Oranges – hatte Cäsar nach den Siegen der Gallischen Legion den ursprünglich keltischen Ort zu einer Veteranensiedlung gemacht, 36 v. Chr. Das tat er besonders gern, weil an derselben Stätte 105 v. Chr. die Römer eine grandiose Niederlage erlebt hatten in der Schlacht gegen die Kimbern und Teutonen. Sie hatte in Rom Panik ausgelöst und zum militärischen Umdenken geführt, was sich drei Jahre später in Marius' Sieg bei Aix niederschlug. Der Triumphbogen, der dem Kaiser Tiberius gewidmet ist, wurde in den zwanziger Jahren nach Beginn der Zeitrechnung erbaut und steht auf Fundamenten aus der Zeit der römischen Stadtgründung.

Wir haben den Triumphbogen auch zu Fuß umrundet, sind unter dem Kassettengewölbe gestanden und nähern uns jetzt, ein paar Straßen weiter, dem römischen Theater. Vor uns eine hohe geschlossene Wand. Sie ist schmucklos wie die Front der römischen Häuser, schlicht wie eine Grundstücksumfassungsmauer, aber höher, viel höher. Unten gähnen die schwarzen Öffnungen der Arkaden. Darüber, zwei Stockwerke höher, die verwitterten Spuren der Blendarkaden; sie gaben dem Bauwerk den Charakter einer eleganten Festung. Darüber drei durchlaufende Simse. Zwischen ihnen starren in Reih und Glied Steine aus der Mauer; die oberen tragen kreisrunde Löcher zur Verankerung des Sonnensegels. Die Wand, dereinst glatt und scharfkantig, ist heute verwaschen und ausgebeult. Ihre Grandiosität liegt in den Dimensionen, die das Augenmaß deutlich übersteigen, und den Runen zweier Jahrtausende.

Durch die seitlichen Torbogen gelangen wir ins Innere. Wir stehen am Boden eines steinernen Kessels. Langsam steigen wir die Stufen zwischen den Sitzreihen hinauf und können die Worte Rilkes nachempfinden, der in den «Aufzeichnungen des Malte Laurids Brigge» schreibt: «Ich befand mich zwischen liegenden Säulenkörpern und kleinen Altea-Bäumen, aber sie verdeckten mir nur einen Augenblick die offene Muschel des Zuschauerhangs, die dalag, geteilt von den Schatten des Nachmittags, wie eine riesige konkave Sonnenuhr. Ich ging rasch auf sie zu. Ich fühlte, zwischen den Sitzreihen aufsteigend, wie ich abnahm in dieser Umgebung.»

Sich auf eine der Stufen sinken lassen, sich seiner Endlichkeit bewußt werden – und in dieser existentiellen Situation das mythengebärende Spiel der Bühnenwand! Es ist dieselbe Wand, die wir draußen sahen, mit ihren maßlosen Maßen – die sandsteinfarbene ist hier rötlich verwittert – doch ist sie nicht schlicht, sondern vielfältig gegliedert, gestaltet und gerade in ihren von der Zeit geschaffenen Fragmenten dramatisch beredt. In der Mitte, sich verdichtend zwischen zwei pfeilerartigen Vorbauten, das hohe, mystisch dunkle Bühnenportal. Seitlich davor ein Säulenpaar aus weißem Marmor; auf seinen Kapitellen ruht ein weiteres, die abgeschlagenen Säulenstümpfe ragen in die Luft. Sie stehen zur Wand wie Tempelwächter, hoheitgebietend. Und oben, wie das Auge im Zentrum, die tiefe dämmerige Nische mit der weißen Marmorstatue des Kaisers. Mehr als 3 m hoch, scheint sie doch kaum lebensgroß im Nischengewölbe, das dem Augustus in seiner grüßenden Gebärde etwas Raumgreifendes, Voranschreitendes verleiht. Unbedeutend würde der Kaiser dort wirken, ließe er nicht die Größe der Wand für sich sprechen. Weiter oben, als hätte die Mauer ein Stirnband, etwa zwanzig hohe schmale Einkerbungen – Schattenfänger ... Die Bühne, etwa 700 qm groß, gewinnt optisch noch an Tiefe durch die seitlichen Gebäudetrakte, die ebenso hoch sind wie die Bühnenwand. Die oberen Abschlußsimse dieser hohen schrägen Seitenhäuser täuschen das Vorhandensein eines Daches vor. Dabei sind Dach und Sonnensegel die einzigen Elemente, die heute in diesem Theater fehlen; bei keinem anderen hat die Bühnenwand die

Zeiten in ihrer ganzen Größe überdauert, kein anderes der etwa 70 erhaltenen besitzt noch seine Kaiserstatue.

Und wieder ist es Rilke, der die Stimmung unvergleichlich wiedergibt: «Oh, ich war völlig unvorbereitet. Es wurde gespielt. Ein immenses, ein übermenschliches Drama war im Gange, das Drama dieser gewaltigen Szenenwand, deren senkrechte Gliederung dreifach auftrat, dröhnend vor Größe, fast vernichtend und plötzlich maßvoll im Übermaß.

Ich ließ mich hin vor glücklicher Bestürzung. Dieses Ragende da mit der antlitzhaften Ordnung seiner Schatten, mit dem gesammelten Dunkel im Mund seiner Mitte, begrenzt, oben, von des Kranzgesimses gleichlockiger Haartracht: dies war die starke, alles verstellende antikische Maske, hinter der die Welt zum Gesicht zusammenschoß. Hier, in diesem großen, eingebogenen Sitzkreis herrschte ein wartendes, leeres, saugendes Dasein: alles Geschehen war drüben: Götter und Schicksal. Und von drüben kam (wenn man hoch aufsah) leicht, über den Wandgrat: der ewige Einzug der Himmel.»

Als wolle es nur den Widerhall dieser Lyrik bergen, schweigt das Theater über sein ursprüngliches Aussehen. Götter und Schicksal: Zwischen den zahllosen Säulen, die in drei übereinandergelagerten Reihen die Wand verkleideten, standen Statuen von Göttern, deren Schicksal jedem Zuschauer vertraut war und die schon vor dem eigentlichen Schauspiel eine bewegende Vorstellung gaben. Wenn dann die Schauspieler aus der Wand traten – durch eine der drei Türen – von Korksohlen erhöht, durch Masken in ihrem Charakter festgelegt; wenn komplizierte Maschinerien im Unterboden Rauch, Blitz und Donner erzeugten, durch Falltüren Akteure auftauchen und verschwinden ließen; wenn durch die beiden Pforten der Seitentrakte Tiere und Fahrzeuge aller Art eingeschleust wurden – dann waren die Römer in ihrem Element! Sie schätzten solche Spektakel noch mehr als griechische Klassik, die neben Tragik auch feine Komik und delikate Gefühlsnuancen zu bieten hatte. Dabei war das Theater für die Wiedergabe von Sprache wie geschaffen: Eine ausgeklügelte Akustik warf jeden gehauchten Laut ins Theaterhalbrund. Denn die Masken der Schauspieler wirkten wie Lautsprecher, ebenso wie die großen Vasen, die in regelmäßigen Abständen zwischen den Zuschauerreihen eingebaut waren. Das schräge Dach der Bühnenwand warf den Ton zurück, die Kolonnaden brachen das Echo, und die hohlen Türen der Szenenwand boten den Effekt von Resonanzböden. Wenn ein Schauspieler sein Stimmvolumen vergrößern wollte, brauchte er sich nur an eine der Türen zu lehnen.

Übrigens war das Theater damals nicht nur Schauplatz von Theaterstücken. Auch politische und musikalische Veranstaltungen fanden hier statt, Lotterien wurden durchgeführt und Brot und Geld verteilt. Zauberkünstler, Seiltänzer, Jongleure, Akrobaten, Tanzbären, Hähne (bei Hahnenkämpfen) gaben sich vor der erhabenen Wand ein Stelldichein. Als auch der Bühnenzauber wuchs und die Stücke mit Kulissenpomp und billiger Effekthascherei überwucherte, wurde im 5. Jahrhundert unter dem Einfluß des Christentums das Theater «geschlossen».

Das blieb es viele Jahrhunderte lang. Arausio, eine bekannte Stadt der römischen Provinz Gallia narbonnensis, verlor während der Völkerwanderung an Bedeutung und wurde von Alemannen und Westgoten teilweise zerstört. Im 12. Jahrhundert wurde Orange Fürstentum, fiel an das Geschlecht derer von Baux und ging später in den Besitz des Hauses Nassau über. Unter dessen Herrschaft blühte es auf, mußte aber auch erleben, wie seine römischen Ruinen als Steinbruch zweckentfremdet wurden. Das, was einmal Amphitheater, Zirkus, Gymnasium, Tempel und Thermen gewesen war, verwandelte sich im 17. Jahrhundert in Stadtmauer und Schloß. Warum die Holländer, die inzwischen dem Hause Nassau vorstanden, Theater und Triumphbogen verschonten, ist nicht überliefert.

Orange wurde schließlich französisch unter Ludwig XIV. Nach dem Krieg gegen Holland erhielt er im Frieden zu Utrecht mit der Theaterwand «die schönste Mauer seines Reiches». (Stadtmauer und Schloß waren bei den Kämpfen zerstört worden). Dennoch dauerte es bis zum Beginn des 19. Jahrhunderts, bis man das römische Theater «wiederentdeckte». Und erst 1869 fanden wieder die ersten Vorstellungen statt.

Wir steigen die 40 Stufen des ersten Ranges nun ganz hinauf. Wo der Stein fragmentarisch wurde, ist er durch Holz ersetzt. In der hohen Ringwand, die uns vom zweiten Rang trennt, dunkle Türöffnungen. Sie führen in einen künstlichen Stollen, der für den reibungslosen Auftritt und Abgang der Zuschauer sorgt. Zweiter und dritter Rang sind nach ähnlichem System erschlossen, doch von unserer Ebene aus nicht zugänglich, da die Römer damals ja nach Rang und Namen ihre vorbestimmten Ränge einnahmen und nicht mit anderen Klassen in Berührung kommen sollten.

Festival in Orange

Durch die schmalen Gassen zieht an diesem lauen Sommerabend ein Menschenstrom. Und noch sind alle Restaurants bis auf den letzten Platz besetzt, quellen die Straßencafés über, übersteigt die Nachfrage nach Toiletten das Angebot. Alle Parkplätze sind belegt, alle Hotelbetten vorbestellt. Eine Stadt im Belagerungszustand . . . sieht zu, wie ein ganzes Volk aufbricht, mit Sack und Pack, Getränken und Decken. Mischung aus Gala und Zeltlager, wenn Herren und Damen in Abendkleidung an einem Kiosk Schlange stehen, um dann mit Kissen und unterarmlangen Schinken- und Käsebroten bewaffnet ihren Weg fortzusetzen. Kinder ziehen an der Hand ihrer Väter dahin. Völkerwanderung im 20. Jahrhundert; Ziel Rigoletto.

Das römische Theater, das während der Regierungszeit des Marc Aurel im 2. Jahrhundert entstand, war ja lange Zeit vergessen. Erst vor gut hundert Jahren erweckte man dort – anläßlich einer Landwirtschaftsmesse – die alten Griechen wieder zum Leben und spielte später auch die französischen Klassiker wie Corneille und Racine, bis die rhythmische Sprache des griechischen Chores zur Musik hinführte. Gelegentlich Opern im Zeitgeschmack, etwas provinziell – doch seit 1953 finden in Orange jeden Sommer Opern, Dramen, Ballettaufführungen und Symphoniekonzerte statt von internationalem Rang. Jede Vorstellung ist einmalig, wird sie ja nicht wiederholt. Freilich hatten schon die weitblickenden Römer für eine rationale Aufführungspraxis gesorgt, indem sie ihr Theater für 11 000 Menschen konzipierten. Bei der Wiedereröffnung nach über einem Jahrtausend waren immerhin noch 7 000 Plätze übrig. Und ein geschäftstüchtiges Management versteht es, weitere 2 000 Schau- und Hörlustige auf die Stufen zu zwängen.

An der Theaterwand teilt sich der Menschenstrom. Je nachdem, ob man 50 Francs, mehrere hundert Francs oder dazwischen angelegt hat, wird man durch eine der Seitenarkaden eingeschleust. In den langen hohen, in den Berg gehauenen Gängen, die zu den Rängen führen, herrscht ein Leben und Treiben wie auf einem Jahrmarkt. Gerangel um Kissen, marktschreierisches Anbieten von Programmheften; zwischen Menschen, überdimensionalen Broten und Getränkedosen schieben wir uns langsam vorwärts. Als wir in das Innere der Riesenmuschel gestoßen werden, können wir die Veränderung kaum fassen. Wo gestern noch die klaren Zirkelkreise der steinernen Sitzstufen imaginär zur Bühnenwand hin- und zurückfluteten, tut sich jetzt ein Hexenkessel auf. Jenseits die Römermauer – starr, gerade, furchterregend – und wir, einen Moment hypnotisiert, im Zentrum eines Menschenzyklons!

Gefühle des Verlorenseins in der Menge . . . Schon jetzt, eine Viertelstunde vor Beginn der Vorstellung, scheint kein Platz mehr frei zu sein. Selbst die Treppen sind besetzt von Ab- und Aufsteigern und solchen, die sich dort rechtmäßig eine Bleibe gesichert haben. Wir müssen uns nach unten drängen, tasten, winden. Suchend und zählend haben wir endlich unsere Reihe erreicht – um festzustellen, daß nun der härteste Teil des Abends vor uns liegt: Zwischen hundert bis hundertfünfzig Menschen gilt es den Platz zu finden, der uns gehört.

Gleich Gratwanderern bewegen wir uns seitlich dahin, vor dem "Absturz" durch unzählige Rücken geschützt, manchmal auf Weiches wie Taschen und Hände tretend, Entschuldigungen im voraus und nachträglich murmelnd. Die Nummern sind hinter einem Wald von Beinen versteckt. Aber irgendwo werden ja unsere Zahlen zum Vorschein kommen.

Als wir etwa fünfzig Rücken und hundert Beine passiert haben, kommen uns Zweifel. Wir fragen nach den Nummern. Da sind wir aber weit übers Ziel hinausgeraten! Verwirrt stolpern wir zurück. Nirgends ein nackter Stein, auf dem wir uns niederlassen könnten. Die Leute schauen uns zum Teil amüsiert, zum Teil mitleidig an. Wir überstürzen uns in Entschuldigungen und fragen noch einmal nach den Nummern. Wieder zu weit! Wir irren weiter. Schließlich rücken zwei unschuldig lächelnd auseinander und geben numerierte Steine frei. Es sind unsere!

Die Erleichterung hält nicht lange an. Links und rechts, vorn und hinten spüren wir unsere Nachbarn. Zum ersten Mal empfinden wir so etwas wie Platzangst. Was ist, wenn einen ein menschliches Rühren überkommt, womit nicht die Rührung über Rigolettos Schicksal gemeint ist? Was ist, wenn die glimmende Zigarette die Haare des Vordermannes ansengt? Auch auf den Treppen ist jetzt kein Durchkommen mehr. Da ertönt durch den Lautsprecher die Bitte, bis zum Ende der Vorstellung auf den Plätzen zu bleiben. Wir beginnen zu ahnen, worauf wir uns eingelassen haben . . .

Die Südländer in unserer Umgebung scheinen den Ernst der Lage nicht zu sehen. Sie haben sich rechtzeitig ihren Parkplatz, ihren Sitzplatz und vermutlich auch ihren Menüplatz gesichert, sich auf dem bezahlten Stein gleich einer Glucke ausgebreitet, und nun blühen sie am vorübergehenden Standort. Die dünnen Kleider der Damen wehen über die Stufen, von keiner Decke am freien Fall gehindert; nur die Ausländer haben sich Decken untergeschoben. Die Einheimischen bauen auf die Weichheit von Kissen und die Wärme der Nachbarn. Und das Ausbleiben des Mistrals.

Die Lichter erlöschen, der Dirigent betritt das Podium. Es befindet sich auf der Orchestra, auf der bei den Römern Senatoren, Botschafter, Priester und der Magistrat saßen. Damals Bronzesessel, heute Holzstühle . . . Im Theater wird das Gemurmel nicht leiser, eher lauter. Einige machen empört: "Scht!" andere ziehen nach, während ein Musenjünger "Maul halten!" artikuliert. Er tat es in Zimmerlautstärke, aber die Akustik ist so ausgeklügelt, daß selbst die Worte eines nicht geschulten Sprechers von Tausenden von Menschen vernommen werden. Das Theater dröhnt von Gelächter. Im Halbdunkel stolpert ein Verlorener hin und her. Jemand sagt streng: "Hinsetzen!" Der Irrende gelassen: "Ich suche meine Platz, bitte." Wieder aufbrandendes Gelächter.

Der Dirigent verfügt über südliche Festspielerfahrung – er steht noch immer gelassen am Pult. Langsam beruhigt sich die Menge. Es ist ein Erlebnis, als schließlich in die Stille von fast zehntausend Menschen die Ouvertüre zu Rigoletto einbricht. Als weiße Falter im Scheinwerferlicht über den Köpfen der Darsteller tanzen, deren Zusammenspiel sich unter den geheimen Fittichen des Kaisers Augustus zu vollziehen scheint. Als unverwechselbare Stimmen den weiten Raum erfüllen, den Schwalben für ihre Flüge auserkoren, sich gleich einem Bann über das vieltausendköpfige Publikum legen und zu wirken beginnen. Es ist kein Verrückter unter den Zuhörern! Keiner, der die Akustik schamlos ausnützt! Nur viele, die ihr Temperament kaum zurückhalten können. Wenn der Beifall aufbrandet, solange die Sänger noch mit offenem Mund dastehen, kommt es uns vor, als öffneten sich im Staudamm des Theaterrundes tausend Ventile, den gewaltigen Druck der Spannung abfließen zu lassen. Und wir, zwei Bausteine, spürten alle Kräfte dieses Verbundes . . . Wir spüren die erregten Atemzüge der Nachbarn, die mühsam unterdrückten Hustenanfälle, die schmerzlich verbogenen Rücken; wir hören, wenn links außen eine Streichholzschachtel zu Boden fällt. Wir sind Zeuge von demokratiebewußten Zuhörern, die den Dirigenten auffordern, das Orchester nicht so hochkommen zu lassen. Und man steht einträchtig nebeneinander im Halbdunkel der Pause, wobei man einander ebenso spürt wie im Sitzen, nur daß dabei der verlängerte Rücken entlastet wird.

Und dann beginnt wieder der Beschwörungstanz des Dirigenten. Das Publikum, auf Verdi zugeschnitten, sekundiert atemlos; ein übermütiger Kumpan, das den Dirigenten beflügeln, aber auch als allmächtiger Moloch lähmen kann. Der Kaiser Augustus thront hell über den Schatten der Vergangenheit, die in den unzähligen Nischen, Tor- und Fensteröffnungen der Bühnenwand wohnen. Wie aus ferner Zukunft dringen Geräusche der Gegenwart herein: Autohupen, das Pfeifen eines Zuges. Wenn die Musik Atem holt, bevor sie neue Töne anschlägt, schrillen sommerselige Zikaden durch die Nacht. Das Licht der Scheinwerfer trägt immerzu Verwandlung in die offenen Räume, und die Sterne funkeln, ungerührt von den Ovationen eines unberechenbaren Publikums.

Der Beifall will kein Ende nehmen. Unzählige Male fiele der Vorhang, wenn es einen gäbe. Wir denken daran, daß er sich bei den Römern am Ende der Vorstellung aus dem Orchestergraben hob, in den er bei Beginn gefallen war. Die Sänger, deren Stimmen nun versiegt sind, stehen wie verloren auf der riesigen Bühne. Sie strahlen, während das Publikum tobt. Und dann kommt der Augenblick, in dem sie wieder in die Wand zurücktreten und die Zuschauer hinab- und hinausströmen, zurück in ihr eigenes Schicksal.

Nizza

Wir sind auf dem Platz Masséna, der Drehbühne des modernen Nizza. Gegen Westen und Norden der weitläufige Halbkreis der Hotel- und Wohnpaläste. Nach Süden zum Meer hin wäre der Platz weit und offen, bewegten sich da nicht – wie spielerische Fächer – die Konturen der königlichen Gärten. Im Osten die Altstadt, ein Stück an den Berg hingelagert wie so manches provenzalische Dorf. Um sie zu erreichen, muß man gleichsam in einen Orchestergraben hinabsteigen. Und damit tauchen wir Schritt für Schritt in eine neue Szene ein.

Wir fühlen uns in eine italienische Kleinstadt versetzt. Gepflegt oder ärmlich – in diesem Kontrast reihen sich die Fassaden; da noch Blumensimse üppig vor den Fenstern, gegenüber schon weiße oder farbige Wäsche am Scherengitter. In den Läden ist in Dunkelheit und Enge bunte Herrlichkeit aufgestapelt: Früchte, Backwaren, Souvenirs, Kleider, Schuhe. All das quillt in die Gassen über und regt die Kauflust an, mit jedem Schritt stößt man auf Angenehmes und Nützliches. In diesen kleinen traditionsreichen Läden wird noch bedient, aufmerksam und ohne Zudringlichkeit. In freien Augenblicken hält man Ausschau oder diskutiert und gestikuliert quer über die Gasse. Wir fühlen uns fast so zuvorkommend behandelt wie die Einheimische neben uns, mit der der Ladeninhaber ein paar vertraute Worte wechselt. Im bunten Menschengemisch Nizzas ist jeder gut aufgehoben. Es gibt anscheinend nichts, was in Erstaunen versetzen, niemand, der andere aus dem Tritt bringen könnte. Alles ist hier sehens-würdig, darf sich sehen lassen, sogar in den Augen der Einheimischen.

Tugend oder Gewohnheit? Da arbeitet ein Schuster, jeder kann ihn hinter der offenen Tür nageln und klopfen sehen. Selbst die Metzger arbeiten im Angesicht der Öffentlichkeit. Sie schlachten nicht, aber sie lösen aus, trennen, sägen, schneiden, hängen auf, mit blutigen Schürzen. Vor weißen Fliesen, in gekühlten Auslagen, sammeln sich Landhühner mit Kopf und Krallenfüßen, ganze oder halbierte Hasen in gestrecktem Lauf mit buschigen Schwänzen, winzige nackte Vögel, Schinken, appetitlich angeschnitten – am unversehrten Keulenende hängt noch das Schwänzchen. Ein Metzger wuchtet ein halbes Schwein über die Schulter, um es im Hintergrund an einen Haken zu hängen. Hausfrauen prüfen die Qualität mit erfahrenem Blick. Tiefgefroren gilt nicht – gibt es auch nicht.

Mitten in das geschäftige Treiben sind immer wieder Oasen eingestreut. Da ist ein Weinausschank. Aus einem alten Holzfaß rinnt für ein paar Francs roter Wein in die Gläser. Zuweilen führen Treppen zu einem stillen Winkel, in dem ein kleines Bistro zu dieser Vormittagsstunde vor sich hin dämmert. Tische und Stühle stehen heiter in der Sonne, die Sonnenschirme warten zugeklappt, in der Ecke eine üppige südliche Pflanze.

Jetzt zieht ein intensiver Geruch in die Nase. Es ist nicht zu überriechen, daß wir uns dem Fischmarkt nähern. Seine Stände sind um Wasser, nämlich den Delphinbrunnen, gelagert. In flachen Holzkisten werden die Früchte des Meeres feilgeboten, feuchtglänzend wie taufrisch gefischt. Rötliche Krebse, schwarze Muscheln, silbern schimmernde kleine Fische, flache große. Sie liegen auf frischen Salatblättern, mit Eiswürfeln garniert. Bei der Frage, ob der Fisch auch frisch ist, greift die Verkäuferin wortlos hinter seine Kiemen und zieht die Schuppen nach vorn, so daß es aussieht, als habe das Tier abstehende Ohren. Dabei kommt ein feuchtes dunkles Schwämmchen zum Vorschein, das nur bei frischen Fischen locker ist. Die Kundin nickt. Die Marktfrau packt den Fisch beim Schwanz und schabt mit flinken Bewegungen unter dem fließenden Wasser des Brunnens die Schuppen ab. Sie flimmern im Sonnenlicht wie Silberplättchen. Dann packt sie das Tier rasch ein, einen Augenblick sieht man den Schwanz wirbeln. Für die nächste Kundin werden Fischköpfe gesammelt für die Bouillabaisse. Oft legen die Marktfrauen dem Päckchen Gewürzkräuter bei, wenn die Kundin verrät, was sie in der Küche vorhat . . . Das Ende des Fischmarktes kündigt sich an. Es wird abgebaut und verladen. Ein Arbeiter spült mit einem Schlauch Blut und Schuppen über den Platz hinunter in die Gosse.

Wir schlendern weiter durch die Altstadt und kommen irgendwann zum Blumen- und Gemüsemarkt. Die Gasse zwischen aufgetürmten Böschungen aus bunten Früchten und frischem Gemüse, vorbei an duftenden Blumenschauen, vermittelt das Gefühl, my fair Lady auf dem Laufsteg zu sein. Die Marktfrauen sitzen oft halb versteckt hinter ihren Obstaufbauten oder Pflanzenspalieren aus Oleander, Orangenbäumchen und gewaltigen Blumensträußen. Die Konkurrenz ist hautnah und die Sonne unbarmherzig. Selbst die Topfpflanzen lassen zuweilen die Köpfe hängen. Blühte das Geschäft nicht, würden auch die Blumen bald damit aufhören. Am Nachmittag wird der Zuspruch noch reger sein, wenn nach 13 Uhr das Gemüse verschwindet und sich der Blumenmarkt zu einem Blumenmeer erweitert.

Verschlungene Wege führen wieder tiefer hinein in die Altstadt. Hohe schmale Häuser. Gegen den schmalen Himmel gezeichnet ziehen sich die rostigen Fäden von Telefon- und Stromleitungen spinnwebengleich durch die Luft. Die Graphik aus Draht und Eisen verdichtet sich noch durch Ankergerüste und Wäschegestelle.

Aus verbeulten und abblätternden Hauswänden, in denen nur wenige kleine Fenster sind, brechen unvermittelt Abwasserrohre, krümmen sich Syphons; Dachrinnen führen ein halsbrecherisches Dasein. Da hängt an einer bescheidenen Seilrolle ein Eimer, der mit Baumaterial gefüllt hinaufgezogen wird. Ein Kran wäre problematisch zwischen zwei gegenüberliegenden Häusern, die so nah beisammen sind, daß sich die Menschen, in ihren Wohnungen am Fenster stehend, über die Gasse hinweg die Hand reichen könnten.

Wir steigen eine der steilen Gassen zum Schloßberg hinauf. Aus manchen dunklen Eingängen und engen Hausfluren überfällt den Spaziergänger eine Ahnung, ein Hauch, ein Gefühl von Elend, Krankheit, Hunger, Verlorensein. Jahrhundertealtes Dunkel . . . Für den Provenzalen scheint Dunkelheit weniger belastend als für den Nordländer. Für ihn bedeutet sie wohl Geborgenheit, Zuflucht, Schoß. Die Sonne dagegen wird als schwieriger Partner betrachtet, dem man mißtraut. Je höher wir kommen, desto mehr verebbt der Lärm der städtischen Betriebsamkeit.

Auf dem Felsen stand bis 1706 eine Nizza sichernde Burg. Sie wurde auf Befehl Ludwigs XIV. geschleift. Jede Spur davon ist getilgt; lohnt es sich, fast 100 m ins Grün emporzusteigen?

Ganz unvermittelt geraten wir in eine andere Großstadt: die Ruhestadt der Toten. Auf einem großflächigen Areal, angelegt in mehreren Ebenen, stehen hochstilisierte Miniaturpaläste, Moscheen, Kathedralen, Tempel. Über den Tod hinaus setzten Menschen der Erinnerung Anhaltspunkte, indem sie zu Lebzeiten stilblütenhafte Statussymbole schufen. Die letzte monumentstrotzende Stätte vereint wieder die Familie. Wenig Lebende sind hier unterwegs, aber lebensgroße Figuren aus Marmor säumen die Wege und Grabresidenzen: Frauen- und Kindergestalten in trauernder Gebärde. Echte Blumen sucht man vergebens.

Hinter dem Friedhof führen breite Parkwege noch höher hinauf. Nach einer Abzweigung ein Wasserfall. Aus großer Höhe, in gewaltiger Breite wehen seidene Wasserschleier herab. Feuchte Nebelschwaden werden über den Weg getrieben und erfrischen den Spaziergänger. An manchen Stellen durchstoßen Felsvorsprünge den Vorhang, bauschen körperhafte Faltenwürfe. Eine Trauerweide versucht mit dem Wasserfall zu korrespondieren: Kaskadenförmig fallen die Zweige herab. Nachts wird die Wasserwand angestrahlt. Dann verwandeln sich die weißen Tröpfchen in goldene.

Feigenbäume wachsen hier oben. Ein an der Felswand wurzelnder Baum hat sich schlangengleich über einen abbröckelnden Torbogen gelegt, von ihm Besitz ergriffen. Ein schmaler Pfad führt an Bäumen und Grotten vorbei zum höchsten Platz des Hügels. Über eine steinerne Balustrade hinweg eine unvergleichliche Aussicht! Wir schauen auf die magisch gekrümmte Engelsbucht hinunter, an der der Mensch seit Urzeiten Besitz ergriff von einem weiten Stück Flachland, das amphitheaterhaft von Hügeln umschlossen ist. Ganz Nizza liegt uns zu Füßen! Wir unterscheiden deutlich den alten vom neuen Teil. Die Dächer der Altstadt sehen aus wie die eines provenzalischen Dorfes. Mitten darunter die golden blinkende Kuppel der russisch-orthodoxen Kirche. Im Gegensatz dazu die gleichförmigen Dachziegel und blendendweißen Fassaden der Neustadt. Wie weit Nizza ins hügelige Hinterland hinaufwuchert!

Und wie schön es sich am Meer hinzieht! Überall Leben: der lange Strand eine wimmelnde Ameisenstraße, auf der Promenade die flutende Verkehrswelle, in der Luft Flugzeuge, die zum Landen ansetzen. Die Stadt erstreckt sich ja zwischen See- und Flughafen. Und während der Seehafen nur noch für Fischerboote und Jachten interessant ist, hat der moderne Flughafen große wirtschaftliche Bedeutung; seine Landebahnen wurden teilweise dem Meer abgewonnen.

Nicht überall ist die Fabe des Wassers blau. An vielen Stellen sind graue Verfärbungen eingeströmt. Nur selten erreicht das reine Azur des Meeres den Strand. Wo er an den Felsen des Schloßhügels endet, scheint das Wasser am klarsten. Dort möchten wir schwimmen.

Beim Hinabsteigen in Serpentinen gelangen wir zur östlichen Aussichtsterrasse. Man sieht auf den Hafen, der mit seinen Fischerbooten und kleinen Hafenrestaurants malerisch und provinziell wirkt. Die Felsen des Cap Ferrat versperren die Fernsicht auf die Küste gegen Monte Carlo hin. Der Blick auf das flimmernde Meer wird unvergeßlich bleiben. Das Auge findet nur noch Halt an zwei hohen kühnen Agaven, ehe es sich über den Felsenabgrund hinaus zum Horizont tastet.

Die Ruhe des Parks nimmt uns auf. Ein Stück weit über flache Treppen hinab geht der Fuß über Mosaiken, die Köpfe der Antike und stilisierte Meeresfrüchte zeigen. Den Turm Bellanda passieren wir, in dem Berlioz die Ouvertüre zu «König Lear» schrieb, und der heute das Schiffahrtsmuseum beherbergt. Je mehr wir uns der Promenade nähern, desto deutlicher erkennen wir an eleganten Häusern große Balkone, die wie Dachterrassen angelegt sind. Mit grünen Bodenfliesen, Gras imitie-

rend, mit Büschen und Bäumchen, Sonnenschirmen und Hollywoodschaukeln.
Nahe der Felsenküste gehen wir zum Strand hinunter. Grobe Kieselsteine. Von der Brandung an die Uferböschung geworfen, rollen abertausend der nassen Steine mit scharfem Rasseln den zurückweichenden Wellen nach. Es ist eine Mutprobe, diese Rolltreppe ins heftige Meer hinabzurutschen. Der plötzliche Kontakt wie ein Schock. Schon nach ein paar Schritten wird der Boden den Füßen entzogen. Wir sind im Meer, seiner Kühle, seiner Tiefe, seinen Geheimnissen ausgesetzt. Die Unermeßlichkeit beginnt . . .

Beim Zurückschwimmen haben wir den langen Strand vor Augen. Er ist in viele Domänen aufgeteilt. Kostenloser öffentlicher Strand und gebührenpflichtiger Luxusstrand wechseln sich ab. Manchen Badegästen ist ihr Handtuch Besitz und Freiheit genug, andere lassen es sich etwas kosten, auf weichen beschatteten Matten zu liegen, distanziert und etabliert. In der Nähe der Badeplätze weitere Angebote: Tretboote, Surfbretter, Ein-Mann-Gondeln, Wasserskifahrten, Gleitschirmflüge über der See. Und wie in der Altstadt fügt sich dieses vielfältige Dasein reibungslos aneinander, auf engstem Raum. Der Strand ist zwar lang, aber er hat kein «Hinterland». Er ist nur eine schmale, lang gekrümmte Schwelle zwischen Meer und dahinterliegendem gemauerten Damm, der die Krone Nizzas trägt, die Promenade des Anglais. Die Mauer – auch Schallschutzmauer – öffnet sich an manchen Stellen für unterirdische Räume wie Umkleide- und Duschkabinen, Tischtenniskeller, Restaurantküchen. In eines der Marquisenrestaurants setzen wir uns. Und erlauben uns nicht mehr als eine Spezialität. Soll es Fischsuppe Bouillabaisse oder der bunte Gemüsetopf Ratatouille oder nur ein üppiger Salade niçoise sein?

Nach dem Essen steigen wir eine Treppe höher und finden uns auf der Promenade wieder. Viele Promenierlustige sind unterwegs. Mit jedem Schritt begibt man sich in ein Blickgefecht, hält stand, prallt ab, wird gefesselt – und ist auch schon wieder frei für die nächste Offensive. Das Spiel wird weder bösartig noch arrogant gespielt. Niemand setzt Maßstäbe, erklärt einen anderen für fehl am Platz oder für falsch verpackt. Schickeria und Urlaubsgammler gedeihen chancengleich im weltoffenen Klima Nizzas.

Wer Bekannte trifft, wird sich mit ihnen auf Stühlen niederlassen, die freundlich unverbindlich auf der Promenade stehen; dazwischen ein handlicher Tisch mit (kostenlosem) Sonnenschirm. Kein Bediensteter fragt störend nach Wünschen. Plaudern zwischen dem Rauschen von Meer und Verkehr . . .

Viel zu bald müssen wir aufbrechen, aber wir wollen das festliche Ereignis auf dem Platz Masséna nicht versäumen. Eine große Menschenmenge hat sich dort schon versammelt. Eine Musikkapelle spielt Märsche, die Fahnen von achtzehn Nationen bewegen sich im Wind. Die Nationen sind es, auf die alles mit Spannung wartet. Anläßlich des 46. internationalen Folklorefestivals von Nizza werden sie sich gleich in einem Festzug päsentieren.

Die Kapelle setzt aus – man hört die feierlich langgezogenen Töne von Dudelsäcken. Da nahen auch schon die Schotten, die den Festzug anführen. Und dann zieht Nation um Nation vorüber. Es ist ein Erlebnis, die Eigenart verschiedener Völker blitzlichtartig wahrzunehmen, zu erkennen, wie verschieden Gesichtsschnitt, Kleidung, Bewegung sind. Immer wieder hält eine Delegation im Vorwärtsschreiten inne, um sich im Tanz entdecken zu lassen. Manche Zuschauer heften sich an die Fersen einer Gruppe und schließen sich dem Festzug an. Es gibt keine Absperrung.

Nachdem die Nationalhymnen aller teilnehmenden Länder erklangen, folgt der Höhepunkt des Nachmittags: die farbenprächtige völkerverbindende Farandole! Die nationalen Schranken fallen, die Gäste aus aller Welt nehmen sich bei der Hand und tanzen in Schlangenlinien mit Sprüngen ausgelassen an den Zuschauern vorbei. Ein Journalist nennt diese Farandole ein Feuerwerk, eine Hymne an die Freude.

Tief durchatmen

Wir sind wieder am Lac de la Bonde. Wir sitzen im Gras und spüren die Sonne. Wir schauen. Hinter uns, über Pinien- und Ginsterurwald emporwachsend, zerklüftete Kalkfelswände. An den Seewinkeln links und rechts tritt das Steilufer zurück; versunkene Bäume inmitten üppiger Wildnis. Schräg gegenüber eine Reihe von Baumriesen über dem Wasser. Das Leben pulsiert dort auf vielen kleinen Ebenen im Schatten der silberblättrigen Bäume. Auf Stufen aus Sand, Wurzeln und Gras, geräuschvoll und auf engstem Raum, erholen sich jung und alt. Mit von der Partie ist fast immer der Hund. Er gehört zur Familie und weiß das auch.

Unser abgelegener Paradiesgarten ist eine Lichtung zwischen Bäumen, Sträuchern und Schilf. Etwas erhöht gegen die Wacholderbüsche, neben der schlanken Silberpappel, haben wir unseren Liegeplatz eingerichtet. Der ganze lange Tag besteht aus lauter Verlockungen. Wer in den See hinauswill, durchwatet die warme schwabbende Schlammbrühe durch die Schilfgasse. Das tiefere Wasser ist so unbeschreiblich licht und weich, als hätten alle Wasserpflanzen ein besonderes Öl gespendet. Sabine begleitet uns auch in die vom Land aus unzugänglichen Buchten, in denen das Wasser schwarz wird und nur schmale Kanäle zwischen Wasserpflanzen an schwimmenden Inseln vorbeiführen. Wir entdecken einen Schaukelast unter der Oberfläche und genießen Wasser mit Balken. Michael hat ein riesiges hölzernes Krokodil aufgegabelt, das nun seit Stunden unser geduldiges Reit- und Begleitpferd ist. Wenn wir hungrig werden, schwimmen wir zurück zum Picknickkorb. Bis vor kurzem mokierten wir uns über die Franzosen, weil wir sie am Strand fast unaufhörlich beim Tafeln antreffen. Doch wenn wir nach dem Verzehren von knusprigen baguettes, duftendem Käse, feurigen Zwiebeln und provenzalischem Rotwein noch immer einen ganz scharfen Appetit spüren, wächst unser Verständnis für die Eßgewohnheiten der Einheimischen.

Nach dem Schwimmen und Vespern strecken wir uns gern im Gras aus. Wir schließen die Augen und spüren vieles . . . Es kommt der Moment, da springt einer auf und reißt die anderen mit! Beim Federballspiel wird der Schritt zum Tanz, die Bewegung geschmeidig fließend wie die Zeit . . .